# Q&A 震災と建物賃貸借

EARTHQUAKE DISASTER & SUBLEASE

吉田修平法律事務所 編著

一般社団法人 金融財政事情研究会

# はしがき

　東日本大震災で亡くなられた方々のご冥福と、被災地・被災者の方々の一刻も早い復興を心からお祈りしている。

　この度の未曾有の大災害を前にして、どのような貢献ができるのか、3月11日以降、自問する日々が経過したが、結論は、弁護士としてできることをやるしかないということであった。

　当事務所は、不動産関係のなかでも、特に借地借家問題を専門にしているところ（吉田は、定期借家権・終身借家権の制定などの立法にも携わっている）、大震災以後、特に借家関係の問題についての問合せが大変多く、とりわけサブリース問題という賃貸人と賃借人だけではなく転借人も含めた三者間の問題についての問合せ・質問が多く寄せられたが、それについての文献等も少ないという状況に気がつき、この際、大震災のサブリース関係への影響を整理することにより、わずかではあっても震災の復興の一助となることができるのではないかと思うに至り、本書にまとめることとした次第である。

　以上のような観点から、本書は、借家関係に震災の与える影響、今後予想されるところの倒産問題が借家関係に与える影響、および、サブリース契約という特殊な類型についての基本的な解説（Q&A）をしたうえで、さらに、サブリース関係に震災の与える影響と、サブリース関係に倒産の与える影響について、ケーススタディによる解説（Q&A）をしている。

　本書は、吉田修平法律事務所が単独で初めて出版するものであるが、本書が被災地・被災者の方々の今後の復興等に少しでも役立つことを衷心から願っている。

　最後に、本書の意図を直ちに理解してくださり、きわめて短い時間

で出版にこぎつけていただいた一般社団法人金融財政事情研究会の出版部の皆さんには、心から感謝している。

　平成23年6月

吉田修平法律事務所
弁護士　吉田　修平

【著者略歴】

代表弁護士
**吉田　修平**（Shuhei Yoshida）
1952年生まれ。早稲田大学法学部卒業。第一東京弁護士会所属。
［政府委員等］　東京家庭裁判所調停委員（現職）、国土交通省・終身建物賃貸借検討委員会委員（2001）、厚生労働省・雇用促進住宅基本課題検討委員会委員（2002）、神奈川大学法科大学院講師（倒産法）、経済産業省・事業承継関連相続法制検討委員会委員、国土交通省・高齢者専用賃貸住宅研究会委員（2005）、法務省・競売制度研究会委員（2006）、政策研究大学院大学客員教授（2007・現職）、国土交通省・社会資本整備審議会臨時委員会（2009）等、他多数。
［著作関係］　「阪神大震災と税務（よくわかる借地借家関係）」（税務経理協会・1995）、「解説実務の書式大系30　倒産編・倒産清算再建」（三省堂・1995）、「民事弁護と裁判実務7　倒産」（ぎょうせい・1995）、「破産法」（青林書院・1998）、「新・借地借家法講座2」（日本評論社・1999）、「実務注釈・定期借家法」（信山社・2000）、「競売の法と経済学」（日本不動産学会著作賞、都市住宅学会著作賞、資産評価政策学会著作賞各受賞　信山社・2001）、「高齢者居住法」（信山社・2003）、「中間省略登記の代替手段と不動産取引」（日本不動産学会著作賞、都市住宅学会著作賞各受賞　住宅新報社・2007）、「実務解説　借地借家法」（全国弁護士協同組合連合会斡旋販売対象書籍　青林書院・2008）等、他多数。

弁護士
**友田　順**（Jun Tomoda）
　第一東京弁護士会
　吉田修平法律事務所所属弁護士

弁護士
**沼井　英明**（Hideaki Numai）
　第一東京弁護士会
　吉田修平法律事務所所属弁護士

# 目　次

## 第1章
## 借家関係に震災の与える影響

### 第1節　賃貸人（A）が賃借人（B）に貸している建物が震災にあった場合の影響 …………… 2

Q1　私（B）は、Aから建物を賃借しています。東日本大震災によって次の事態が生じた場合、私は、賃貸人（A）に対し、賃料を支払わなければならないでしょうか。①建物が全部倒壊した場合はどうですか。②建物が一部倒壊したので避難したが、荷物は置いたままの場合はどうですか。③某県第一原発の周辺20km以内の物件を賃借していたのですが、避難指示が出たので避難所に避難した場合はどうですか。警戒区域に指定された場合はどうですか。④某県内にいるのがこわく、自発的に一時的ではありますが他県に避難した場合はどうですか。⑤私（B）は、賃貸人（A）から賃借した物件で店舗を営んでいますが、計画停電が原因で1日のうち数時間営業が停止しています。使用できない時間に応じて当然に賃料は減額されますか………… 2

Q2　私（B）は、賃貸人（A）から居住用建物を賃借していますが、地震が原因で、建物の内部に大きなひびが入ってしまい、修繕が必要な状態となりました。①この場合、ひびはAが修繕すべきですか。②Aが修繕しない場合、私（B）は自ら修繕してもよいでしょうか………………………………… 9

Q3　私（B）は、賃貸人（A）から賃借した建物に居住していました。次の場合、私（B）はAに対し不法行為を理由とする損

害賠償責任を追及することができますか。①私（B）がちょうど建物のそばを歩いている時、地震によってブロック塀が崩れ、私（B）はけがをしてしまいました。②震災の際、私（B）は自宅にいたのですが、地震によって建物が倒壊し、私（B）は長時間生埋めになり、けがをしてしまいました。なお、賃借建物には設計・施工上の不備があり、そのせいで倒壊したようです……………………………………………………………12

Q4　私（B）は、賃貸人（A）から建物を賃借していますが、次の場合、私（B）は、Aに対して債務不履行を理由とする損害賠償責任を追及することができますか。①私（B）は2階建ての賃借物件でスーパーを営んでいますが、地震以降、1階のスプリンクラーが故障し、水の被害により商品が毀損しました。2階のスプリンクラーには異常がありません。②私（B）は、賃貸人（A）から賃借した数階建ての建物で店舗を営んでいたのですが、建物が所在する土地で液状化現象が起こり、営業を停止することになってしまいました。③地震の影響でエレベーターが止まり、営業ができない状態になりました……………………16

Q5　私（A）は、自己所有の建物をBに賃貸していましたが、大地震の影響で建物に多額の修繕費用が必要な状態となりました。地震を理由に家賃の値上げを要求できますか……………19

Q6　私（A）は、自己所有の建物をBに賃貸していましたが、地震の影響で建物の損傷が激しく、倒壊するのではと心配なので、賃貸借契約を終了させたいと思っています。①賃貸借契約を解除したいのですが、可能ですか。②被災を理由とする解約の申入れや、契約の更新拒絶は認められますか……………………22

Q7　私（B）がAから賃借していた建物が地震で倒壊したのですが、敷金は返還してもらえますか。敷引特約がついている場合はどうなりますか………………………………………………25

## 第2節　罹災都市借地借家臨時処理法による借家関係の処理 ……………………………………………………28

Q8　罹災都市法の適用範囲はどのようになっていますか。①どのような要件のもとで適用されますか。たとえば、地震に伴って発生した火災により建物が全焼した場合にも、罹災都市法が適用されますか。②東日本大震災の場合、どの地域が適用対象になりますか。③保護の内容は通常の借家関係と異なりますか。④罹災都市法の問題点は何ですか……………………………28

Q9　民法、借地借家法、旧借地法、旧借家法、罹災都市法の適用関係はどのように考えるべきですか…………………………………32

Q10　罹災都市法上の敷地優先賃借権とはどのようなものですか。①一般的要件は何ですか。②罹災都市法2条の「滅失した当時の建物の借主」には、使用借人も含みますか。また、転借人を含みますか。③罹災都市法上の敷地優先賃借権によって取得した借地権の対抗力、存続期間はどうなりますか………………35

Q11　私（B）は、家主（A）に対し、ずっと家賃を滞納していました。私（B）は、罹災都市法上の敷地優先賃借権を主張できますか……………………………………………………………………38

Q12　私（B）がAから賃借していた建物が地震で倒壊したのですが、その後、Aは建物を再築しません。私（B）は、その場所に家を建て替えて住み続けたいと考えていますが、勝手に建物を建築してよいですか……………………………………………………40

Q13　罹災都市法上の再築建物についての優先賃借権の一般的要件はどのようなものですか………………………………………43

Q14　私（B）はAから建物を賃借していましたが、建物が全壊した後、Aから敷金の返還を受けました。この場合でも、私（B）には罹災都市法上の再築建物の優先賃借権が認められま

すか……………………………………………………………………………46
Q15　私（B）がAから賃借していた建物は地震により全壊したのですが、震災後、市街地の再開発により、ビルが再築されました。この場合でも、私（B）は再築ビルについて、罹災都市法上の優先賃借権を主張できますか………………………………48
Q16　罹災都市法をめぐり紛争が生じた場合の手続について、教えてください………………………………………………………………50

# 第2章
# 借家関係に倒産の与える影響

## 第1節　賃借人（B）が破産・民事再生した場合、借家関係はどうなるか……………………………………………54

Q17　私（A）は、私の所有する建物をBに賃貸していますが、①今回の震災の影響があったためか、Bが破産してしまいました。Bの破産には破産管財人としてY弁護士が選任されましたが、私（A）とBとの間の建物の賃貸借契約はどうなりますか。②Bが倒産したものの、法律上の倒産手続に至らなかった場合はどうですか。契約書に「賃借人が倒産した場合は契約を解除できる」旨が記載されている場合はどうですか……………54
Q18　私（A）は、私の所有する建物をBに賃貸していますが、今回の震災の影響があったためか、賃借人（B）について民事再生が開始されました。①私（A）とBとの間の建物の賃貸借はどうなりますか。②賃貸借契約書に「賃借人が民事再生となった場合は契約を解除できる」旨が記載されている場合はどうですか……………………………………………………………………57

## 第2節 賃貸人（A）が破産・民事再生した場合、借家関係はどうなるか ·····················59

Q19 私（B）は、賃貸人（A）から建物を賃借していますが、賃貸人（A）は今回の震災の影響があったためか破産をしてしまいました。Aの破産には破産管財人としてＸ弁護士が選任されましたが、①私（B）とAとの間の賃貸借契約はどうなりますか。②私（B）がAに預けている敷金はどうなりますか ···············59

Q20 私（B）は、賃貸人（A）から建物を賃借していますが、今回の震災の影響があったためか、賃貸人（A）について民事再生手続が開始されました。①私（B）とAとの間の賃貸借契約はどうなりますか。②私（B）がAに預けている敷金はどうなりますか。③私（B）から契約を解除することはできますか ········62

# 第3章
# サブリース契約についての基本的理解

Q21 サブリース契約とはどういう内容のもので、何を目的に締結されるのですか。サブリース契約においては賃貸人（A）と賃借人（B）との間で目的建物について転借人（C）がいない（空室）場合でも一定額の賃料を保証すると聞きましたが、賃料が減額されることはないのですか ···············66

# 第4章
# サブリース関係に震災の与える影響

## 第1節 賃料額固定制のケーススタディ …………………………72

◇ケーススタディ……………………………………………………72

 第1 建物が全壊した場合………………………………………73

Q22 メゾン甲が震度7の地震により全壊し、その復旧は到底望めない状態となっている場合について、当社（B）とオーナー（A）のマスターリース契約はどうなりますか。また、当社（B）はオーナー（A）に対し家賃30万円を支払う必要がありますか……………………………………………………………73

Q23 ［Q22を前提として］当社（B）と転借人であるC、D、E、Fとの賃貸借契約（サブリース契約）はどうなりますか。当社（B）はC、D、E、Fから転貸賃料を取得することができますか。かりに、当社（B）で賃料が取得できないことがあるとすれば、いつからの賃料を取得できなくなりますか。地震があった日の分の賃料を取得することができますか……………76

 第2 建物が半壊等した場合……………………………………79

Q24 メゾン甲およびその各部屋が震度7の被害を受けたものの、全壊ではなく、入居者の一時的な引っ越しを伴う工事をすれば復旧可能な場合について、当社（B）とオーナー（A）のマスターリース契約はどうなりますか。また、当社（B）はオーナー（A）に対し家賃30万円全額を支払う必要がありますか………79

Q25 ［Q24のメゾン甲およびその各部屋が震度7の被害を受けたものの、全壊ではなく、入居者の一時的な引っ越しを伴う工事をすれば復旧可能な場合をふまえて］当社（B）と転借人（C、D、E、F）との賃貸借契約（サブリース契約）はどうな

目　次 **9**

りますか。また、C、D、E、Fの賃料はどうなりますか。①メゾン甲の修理のためにC、D、E、Fが他の建物に移動する前、②建物の修理中、③修理が完了し、C、D、E、Fが戻ってきた後、の3つの場合について教えてください……………83

Q26　前述（Q25）のサブリース契約が定期借家契約であり、特約（「何があっても賃貸人は賃料を減額しない」との合意）で借地借家法32条の賃料減額請求権が排除されている場合であればどうなりますか…………………………………………………………87

Q27　［Q24のメゾン甲およびその各部屋が震度7の被害を受けたものの、全壊ではなく、入居者の一時的な引っ越しを伴う工事をすれば復旧可能な場合をふまえて］　転借人（C、D、F）が当社（B）に対して、メゾン甲およびその各部屋の修理を求めてきました。当社（B）としては、この修理はオーナー（A）が行うべきであると考えております。そのことを理由に、C、D、Fからの修理の要求を拒否することはできますか………………89

Q28　［Q24のメゾン甲およびその各部屋が震度7の被害を受けたものの、全壊ではなく、入居者の一時的な引っ越しを伴う工事をすれば復旧可能な場合をふまえて］　結局、当社（B）がメゾン甲を修理することになりました。この建物を修理するにあたって、C、D、E、Fには一時的に他の建物に移転してもらいたいと考えております。ところが、Eは修理や移転を拒んでおります。当社（B）は、Eの拒絶にもかかわらず、部屋に立ち入って修理をすることができますか……………………………91

Q29　［Q24のメゾン甲およびその各部屋が震度7の被害を受けたものの、全壊ではなく、入居者の一時的な引っ越しを伴う工事をすれば復旧可能な場合をふまえて］　なんとかEを説得することができ、C、D、E、Fには一時的に他の建物に移転してもらうことになりました。ところが、C、D、E、Fは、その

　　　　移転費や宿泊費を当社に請求してきました。当社（B）はこれ
　　　　に応じる必要がありますか……………………………………………94

Q30　［Q24のメゾン甲およびその各部屋が震度7の被害を受けた
　　　　ものの、全壊ではなく、入居者の一時的な引っ越しを伴う工事
　　　　をすれば復旧可能な場合をふまえて］　この震災によってオー
　　　　ナー（A）が賃貸経営に不安を感じ、当社（B）にマスター
　　　　リース契約を終了させたいと申し入れてきました。当社は、こ
　　　　の申入れを受け入れてもよいですか。また、その方法につき、
　　　　どのような点に注意すればよいですか……………………………96

Q31　［Q24のメゾン甲およびその各部屋が震度7の被害を受けた
　　　　ものの、全壊ではなく、入居者の一時的な引っ越しを伴う工
　　　　事をすれば復旧可能な場合をふまえて］　当社（B）はメゾン
　　　　甲の修理費を支出しましたが、オーナー（A）に対してその修
　　　　理費相当額の支払を請求することはできますか ………………100

Q32　［Q24のメゾン甲およびその各部屋が震度7の被害を受けた
　　　　ものの、全壊ではなく、入居者の一時的な引っ越しを伴う工
　　　　事をすれば復旧可能な場合をふまえて］　C、D、E、Fが、
　　　　電気が使えないとして当社に賃料の減額を申し入れてきまし
　　　　た。①電気需給契約をC、D、E、F各人とT電力株式会社
　　　　と結んでいる場合、②電気需給契約を当社（B）とT電力株式
　　　　会社とが契約し、当社がC、D、E、F各人に電気を供給し
　　　　ている場合、③電気供給できなくなったのが「計画停電」に
　　　　よるものの場合に分けて、この申入れに従う必要があるか否
　　　　かを教えてください ……………………………………………102

　第3　入居者が行方不明になった場合 …………………………………106

Q33　X市を襲った震災の後、メゾン甲の入居者であるCと連絡が
　　　　とれなくなりました。当社（B）とCとの賃貸借契約はどうな
　　　　りますか。また、Cとまったく連絡がつかないため、Cとの

             賃貸借契約（サブリース契約）を終了させたいと考えておりま
             すが、どのような方法をとればよいですか ………………………106

Q34 ［Q33でCと連絡がとれなくなったことをふまえて］ 当社
    （B）はCの部屋に入室することができますか ………………………109

Q35 ［Q33でCと連絡がとれなくなったことをふまえて］ Cとの
    賃貸借契約（サブリース契約）を終了させた後、その室内のC
    の残置物はどのように処分したらよいですか ………………………111

## 第2節　警戒区域等に指定された場合のケーススタディ …114

◇ケーススタディ ………………………………………………………114

Q36 地震によって起きた津波の影響で、原発が損壊し、放射線も
    れが判明しました。そこで、某県Y市は、この原発から半径20
    km圏内を警戒区域に指定しました。当社（B）とαのマスター
    リース契約はどうなりますか ………………………………………115

Q37 ［Q36の警戒区域指定をふまえて］ 当社（B）はαに対し
    て、賃料を支払う必要がありますか …………………………………119

Q38 ［Q36の警戒区域指定をふまえて］ 当社（B）とγ、θとの
    賃貸借契約（サブリース契約）はどうなりますか。当社（B）
    は、γ、θから賃料を取得することができますか ……………………121

Q39 ［Q36の警戒区域指定をふまえて］ 某県Y市の出したのが警
    戒区域の指定ではなく、「避難勧告」または「避難指示」であ
    ればどうですか ………………………………………………………124

Q40 ［Q36の警戒区域指定をふまえて］ 某県Y市の指定した警戒
    区域のせいで、当社（B）はメゾン乙に新入居者を募集するこ
    とができなくなりました。そのため、経営は傾くばかりです。
    このような場合、この原発を管理しているT電力会社に損害賠
    償請求できますか ……………………………………………………128

# 第5章
# サブリース関係に倒産の与える影響

◇ケーススタディ ……………………………………………………134

## 第1節　オーナー（A）が破産または民事再生する場合 …135

**Q41** オーナー（A）は、本問ビルを建築するために銀行から融資を受けていました。その融資への返済金は、当社（B）からの賃料をあてにしていたようですが、地震が原因で本問ビルが倒壊してしまったために、オーナー（A）は銀行に対する返済金の原資を得ることができなくなりました。また、オーナー（A）は、銀行返済金以外にも、金融機関に負債を抱えていたようで、結局、破産手続開始の申立てを行い、先日、破産手続開始決定が出されました。破産管財人にはQという弁護士がつきました。オーナー（A）に破産手続が開始されたことで、当社（B）とオーナー（A）とのマスターリース契約はどうなりますか。終了してしまいますか …………………………135

**Q42** ［Q41で本問ビルが倒壊したことを前提にして］当社（B）は敷金・保証金を破産したオーナー（A）に差し入れていますが、この敷金・保証金については、当社（B）は少しでも多く回収したいと考えています。当社（B）としては、どのような手続をとることで、オーナー（A）から敷金・保証金を回収できますか ……………………………………………………138

**Q43** ［本問ビルが地震によって倒壊したことを前提にして］オーナー（A）が選択した手続が民事再生であった場合について教えてください。オーナー（A）に民事再生手続が開始されたことで、当社（B）とオーナー（A）とのマスターリース契約はどうなりますか。終了してしまうのですか …………………………141

Q44　［Q43でAが民事再生手続を選択したことを前提にして］　当社（B）は敷金・保証金を民事再生手続中のオーナー（A）に差し入れていますが、当社（B）は、この敷金・保証金については、少しでも多く回収したいと考えています。当社（B）が、オーナー（A）から敷金・保証金を回収するためには、どのような手続をとることが必要ですか ……………………143

Q45　［本問ビルが地震が原因で倒壊したことを前提にして］　当社（B）はオーナー（A）に対して、敷金・保証金のほかに、ＡＢ間のマスターリース契約の対象であるビルの建設のために建設協力金1,500万円を渡していました。このような場合において、当社（B）がオーナー（A）に支払った建設協力金を回収するにはどのようにしたらよいですか。建設協力金の弁済期はすでに到来しています。オーナー（A）が破産手続を選択した場合と民事再生手続を選択した場合の2つの場合について教えてください ……………………………………………………………………145

## 第2節　サブリース業者（賃借人・転貸人）Bが破産または民事再生した場合 …………………………………148

Q46　今回の地震の影響で、Ｘ市内で新入居者を募集することが困難となり、当社（B）のサブリース事業は行き詰まってしまいました。Ｘ市内の事業が主立った収入源であったためです。結局、当社（B）は破産をするほか方法がなくなりました。当社（B）が破産するとした場合、オーナー（A）とのマスターリース契約、テナントとのサブリース契約はどうなりますか［なお、本問および以下のQでは、本問ビルが倒壊していないことが前提です］……………………………………148

Q47　［Q46でBが破産したことをふまえて］　オーナー（A）と当社（B）とのマスターリース契約には、「Bに破産手続開始決

定や民事再生手続開始決定があった場合には、Aは直ちにマスターリース契約を解除することができる」との条項がありました。このような条項に基づいてオーナー（A）が解除してきた場合、当社（B）は応じなければならないのですか …………152

Q48 ［Q46でBが破産したことをふまえて］　当社（B）の破産管財人Sは、オーナー（A）とのマスターリース契約を解除するとの選択をしました。当社（B）がオーナー（A）に差し入れている敷金・保証金はどうなりますか ………………………154

Q49 当社（B）に破産手続が開始され、オーナー（A）との間のマスターリース契約が解除された場合、テナントが当社（B）に差し入れている敷金・保証金はどうなりますか。当社（B）が返済しなければならないのですか ………………………159

Q50 当社（B）が民事再生するとした場合（再生管財人は選任されないものとします）、オーナー（A）とのマスターリース契約、テナントとのサブリース契約はどうなりますか ………………165

Q51 ［Q50でBに民事再生手続が開始されたことをふまえて］　当社（B）がオーナー（A）とのマスターリース契約を解除するとの選択をしました。当社（B）がオーナー（A）に差し入れている敷金・保証金はどうなりますか ………………………168

Q52 当社（B）について民事再生手続が開始され、オーナー（A）との間のマスターリース契約が解除された場合、テナントがBに差し入れている敷金・保証金はどうなりますか。当社（B）が返済しなければならないのですか……………………170

## 第3節　テナントR社が破産または民事再生した場合 …174

Q53 今回の地震の影響で、テナントのR社の事業が立ち行かなくなりました。結局、R社は破産することを選択しました。テナントR社が破産するとした場合、当社（B）とのサブリース

契約はどうなりますか。テナントR社の破産管財人Uが、当
　　　社（B）とのサブリース契約を継続することを選択した場合、
　　　賃料および敷金・保証金はどうなりますか ……………………174

Q54　テナントR社の破産管財人Uが、当社（B）とのサブリース
　　　契約を解除してきた場合、賃料および敷金・保証金はどうなり
　　　ますか ……………………………………………………………176

Q55　R社はX市での再建を目指し、民事再生手続を選択すること
　　　にしたそうです。テナントR社が民事再生するとした場合、
　　　当社（B）とのサブリース契約はどうなりますか。また、テナ
　　　ントR社が、当社（B）とのサブリース契約を継続することを
　　　選択した場合、賃料および敷金・保証金はどうなりますか ………178

Q56　［Q55でR社が民事再生を選択したことをふまえて］　テナン
　　　トR社が、当社（B）とのサブリース契約を解除してきた場
　　　合、賃料および敷金・保証金はどうなりますか …………………180

参考文献 ………………………………………………………………………182
事項索引 ………………………………………………………………………183

# 第 1 章

# 借家関係に震災の与える影響

## 第 1 節

## 賃貸人（A）が賃借人（B）に貸している建物が震災にあった場合の影響

**Q1**　私（B）は、Aから建物を賃借しています。東日本大震災によって次の事態が生じた場合、私は、賃貸人（A）に対し、賃料を支払わなければならないでしょうか。

① 建物が全部倒壊した場合はどうですか。

② 建物が一部倒壊したので避難したが、荷物は置いたままの場合はどうですか。

③ 某県第一原発の周辺20km以内の物件を賃借していたのですが、避難指示が出たので避難所に避難した場合はどうですか。警戒区域に指定された場合はどうですか。

④ 某県内にいるのがこわく、自発的に一時的ではありますが他県に避難した場合はどうですか。

⑤ 私（B）は、賃貸人（A）から賃借した物件で店舗を営んでいますが、計画停電が原因で1日のうち数時間営業が停止しています。使用できない時間に応じて当然に賃料は減額されますか。

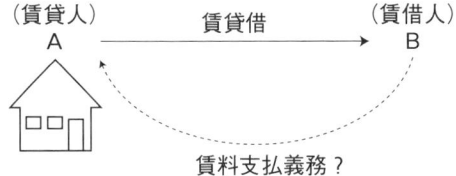

## A

### 1 結　論

①～③および⑤の場合、法的に使用収益が妨げられているので、その限度で賃料を支払う必要はなくなります（ただし、②の場合はAに対する通知が必要な場合があります）。他方、④の場合は、賃料を全額支払う必要があります。

### 2　使用収益が不能な場合の賃料支払債務の帰趨

#### (1)　総　論

賃料の支払は、目的物の使用収益の経済的対価ですから（民法601条）、法律上も両者の間には関連性があると解されます。具体的には、以下のように場合を分けて考えられます。

#### (2)　賃借物件が全部滅失した場合

a　契約の終了

まず、契約後、賃借建物が倒壊などの理由で全部滅失した場合、賃貸人の使用収益させる債務が履行不能となるので消滅し、他方、民法536条1項により賃借人の賃料支払債務もまた消滅するため、これにより、賃貸借契約は終了します。

b　「滅失」の判断基準

建物が物理的に完全に消滅すれば問題ありませんが、それに至らないときは、いかなる場合に建物の「滅失」があったと判断されるのでしょうか。

この点については、賃貸借の目的となっている主要な部分が消失して、全体として効用を失い、賃貸借の趣旨が達成されない程度に達したか否かにより判断するものとされ、この判断の際には修復が通常の費用では不可能か否かを考慮するものとされています（最判昭42・6・22民集21巻1468頁）。

これは、「焼失や損壊等が起きた部分について、物理的に修復が可能か」という単純な判断ではない点に注意が必要です。また、修復が通常の費用で可能か否かとは、当該事案における修繕費用を考えた場合、契約の継続または終了のいずれが経済合理性を有するのかという判断となるとの趣旨です。
　この基準によって建物が滅失したと判断できるのであれば、賃借人は、滅失以降、賃料を支払う義務を負わないことになります。
　c　具体例
　(a)　「滅失」肯定例
　具体的には、「滅失」を肯定した裁判例として、①２階が床を除きほとんど全焼し、階下も壁が落ちて柱組が残っているだけの状態となり、必要な大修繕に多額の費用がかかることから所有者も修繕をあきらめたという事例（東京高判昭27・6・30判タ26号45頁）、②住宅兼店舗として建物が賃貸されたが、火災により地下１階地上木造３階の家屋の地上部分が焼失し、地下部分は単なる物置または商品の貯蔵庫にすぎなかったという事例（大阪地判昭29・2・15下民集5巻2号177頁）、③半地下室付３階建木造建物の２階以上がほとんど全焼し、補修工事を施した程度では到底従前と同様の経済的効用を発揮することができない状態に至った事例（東京地判昭38・2・20判タ142号117頁）、④火災により建物の大部分が焼失し、焼け残った部分だけでは賃借の目的を達することはできない状態になったが、賃借人は焼け残った柱等を利用して工作物を施し居住を続けていたという事例（大阪地判昭38・3・30判タ144号966頁）、⑤ガス爆発による火災でビルが地階、１階、２階部分を中心に著しい損傷を受け、建物の構造軀体が破壊され、加えて、機械室など建物全体の維持管理に必要不可欠な共用部分も大きな被害が出た結果、修復は不可能ではないが、新築工事を行う場合にも比すべき多額の費用を要するという事例（静岡地判昭

59・12・20判タ548号177頁）等があります。

　(b)　「滅失」否定例

　他方、「滅失」を否定した裁判例として、①鉄筋コンクリートの建物が焼け、その外部だけ残した場合に、そのままでは建物の用をなさなくても、建物としての主体が存し修繕が可能であるとした事例（東京高判昭29・2・26高民7巻1号118頁）、②2階は全焼したが階下はほとんど焼け残り、壁も焼け焦げただけでほとんど残存し、天井も残っているので賃借人が修復した場合に、建物はその経済的価値が激減したとはいえいまだ建物の同一性を保っているとされた事例（大阪高判昭39・8・5判時394号68頁）、③火事により内部の木質部分が相当程度にまで燃え落ち、鉄骨に火炎が当たって鋼材の性能が低下したという事情があっても、建物が外形を保っており、倒壊のおそれがなく、補強により主要構造材の再使用が可能であり、復旧工事費も建替えの場合の2分の1程度ですむという事例（大阪地判昭54・3・26判時94号72頁）等があります。

　d　「滅失」判断の意義

　この「滅失」の判断は、賃料発生の肯否や罹災都市借地借家臨時処理法の適用を判断するうえで、きわめて重要な判断となります。

　なお、法的な意味での「滅失」の判断は、罹災証明や建築物応急危険度の判定とは異なることに注意が必要です。

　(3)　**全部滅失には至らない場合**

a　民法の規律

　全部滅失していない場合、契約自体は存続していることになります。では、その場合、賃借人は賃料を支払わなければならないのでしょうか。

　この点、双務契約に関する一般規定である民法536条1項によると、当事者双方の責めに帰することができない事由によって使用収益

ができなくなった場合、賃料支払債務もまた消滅することになります。

　また、賃貸借に関する特則である民法611条によると、賃貸物件の一部が賃借人の過失によらないで滅失した場合には、賃料の減額請求をすることができるとされています。

　このように、民法536条1項による処理と同法611条1項による処理との違いは、当然に賃料支払債務が消滅するのか、それとも賃借人からの減額請求を待ってはじめて賃料支払債務が消滅するのかにあります。なお、同法611条の効果は一部滅失の時点にさかのぼるものとされていますので、両者の差は請求の要否のみです。

b　民法に規定がない場合の処理

(a)　まず、目的物の全部について使用不能な状態となった場合、賃借人が使用不能な期間の賃料支払債務を免れることについては、問題ありません。

　この点については、阪神・淡路大震災の際、建物がなんら滅失はしていないが、地震およびこれに続く火災により、水道、ガス、水洗便所およびエレベーター等の基本的諸設備が機能しなくなったという事例において、民法611条1項の適用ではなく、同法536条1項の類推適用により賃借人は賃料支払債務を免れるとした判例（大阪高判平9・12・4判タ992号129頁）が参考になります。

(b)　では、滅失によらずに目的物の一部が使用不能な状態となった場合、民法536条1項によって当然に賃料が減額されるのでしょうか。それとも、同法611条1項の類推（拡張）適用によることになるのでしょうか。

　この点については、いずれの考え方もあり得ると思われます（判例は、民法611条1項類推適用説の立場であると紹介されることがあります。最判昭34・12・4民集13巻12号1588頁等）。

理論的にはともかく、賃料の一部減免を望む賃借人の立場からすると、とりあえず、配達証明付内容証明郵便等によって、賃貸人に対して減額請求をすべきと思われます。

なぜならば、減額請求をしておけば、裁判において理論的にいずれの立場が採用されようとも、問題なく減額の効果を主張できるからです。

3　各事例の場合、賃料支払義務があるか

(1)　Q1①の場合

賃借物件の全部が倒壊した場合、建物の「滅失」により契約が当然に終了しますから、その時点から、賃料支払義務は完全になくなります。

(2)　Q1②の場合

賃借物件の一部が倒壊し、賃借人が避難している場合には、建物の一部滅失の事例として、賃借人からの減額請求により、使用収益が不可能な部分に応じて賃料支払債務が消滅すると考えられます（民法611条1項）。

ただ、一部倒壊といっても、一部の倒壊により建物全部について居住が不可能な状態になっているとか、余震によって全部倒壊する危険性が高い場合等には、もはや建物の全部「滅失」か、全部の使用収益が不可能な場合として、民法536条1項により、賃料支払債務が全部消滅する場合もありうるでしょう。

(3)　Q1③の場合

避難指示が出た場合、当該区域での居住は法的に不可能な状態に至ったといえますから、使用収益が可能になるまで、賃料支払債務は全額消滅すると考えられます（民法536条1項）。

警戒区域に指定された場合には、当該区域への自由な立入りが禁じられるのですから、同様に、当然賃料支払債務は消滅すると考えられ

ます。

(4)　Q1④の場合

　避難指示が出ているとか、警戒区域に指定されたといった事情がない場合には、法的に使用収益が妨げられているとはいえませんから、自主的に他県に避難しているとしても、賃借人は賃料を全額支払う義務を負います。

(5)　Q1⑤の場合

　少なくても店舗の場合には、停電により営業が困難な状態となり、使用収益が一部不可能と評価できる場合があり、その場合には、使用収益できない部分に応じて当然に、あるいは賃料減額請求によって、賃料支払債務が消滅すると考えられます。

**Q2** 私（B）は、賃貸人（A）から居住用建物を賃借していますが、地震が原因で、建物の内部に大きなひびが入ってしまい、修繕が必要な状態となりました。

① この場合、ひびはAが修繕すべきですか。

② Aが修繕しない場合、私（B）は自ら修繕してもよいでしょうか。

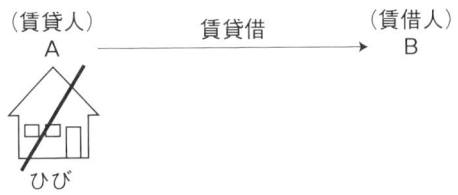

---

A

---

## 1 結論

①地震が原因であっても、原則的には賃貸人（A）がひびを修繕すべきです。

②この場合、賃借人（B）は自らひびを修繕することが可能ですが、特約には注意が必要です。

## 2 賃貸人の修繕義務

### (1) 民法の規律

民法606条によると、「賃貸人は、賃貸物の使用及び収益に必要な修繕を行う義務を負う」とされています。

そして、この修繕義務は、修繕が必要な状態が天災など賃貸人の責めに帰することができない事由によって生じた場合であっても発生すると理解されています。

ただし、賃貸人の修繕義務は、修繕が必要かつ可能な場合にのみ発生すると解されているので、修繕が不可能であれば、もはや修繕義務

は発生せず、ただ賃料債務の一部または全部の不発生として処理されます（正確には、修繕義務が肯定されるのは、物理的ないし技術的に修繕が可能であり、かつ、経済的または取引上の観点からみても修繕が可能な場合とされています）。

⑵　**地震によるひびの事案でも、賃貸人は修繕義務を負う**

以上から、地震が原因であったとしても、ひびにより使用収益に支障が生じているならば、修繕が可能である限り、賃貸人は修繕をする義務を負います。

賃貸人が修繕義務を履行しない場合には、賃借人は、①使用収益が不十分な限度での賃料の支払拒絶（大判大5・5・22民録22巻1011頁）、②損害賠償請求（民法415条）、③契約の解除（同法541条）、④損害賠償請求権と賃料請求権との相殺（同法505条1項）の各方法をとることができます。

⑶　**修繕免除特約が付されている場合**

民法606条は任意規定であり、契約自由の原則から、賃貸人の修繕義務を免除することが可能です。

そのため、賃貸借契約に修繕免除特約が付されている場合には、賃貸人は修繕義務を負いません。

## 3　賃借人は自ら修繕をなしうるか

⑴　**民法上は可能**

a　賃借人による修繕は、民法上許容されます。理論的には、①賃貸人からの受託があった場合には委任（民法649条以下）として、②賃貸人からの受託なく行った場合は、事務管理として、それぞれ適法視されると考えられます（同法697条。ただし、生じたひびに内在する危険性が高く、直ちに修繕が必要とされる場合に賃借人が修繕したような場合であれば、緊急事務管理（同法698条）となるでしょう）。

以上のように、委任ないし事務管理として修繕は可能ですが、これ

によって生じた費用は、必要費（民法608条1項）または有益費（同法608条2項）として、償還請求できると考えられます。

　b　なお、ここで「必要費」とは、賃借物を通常の用法に適する状態に保存するために必要な費用をいい、他方、「有益費」とは、賃借物の客観的価値を増加させる費用をいいます。

　本問ではひびが問題となっていますが、①ひびの修繕が、賃借物を使用収益が可能な状態に復帰させるもの（その修繕を行わなければ、満足な使用収益ができない場合）であれば、必要費として直ちに償還請求をすることができます。

　これに対し、②これを超えて賃借物の客観的価値を増加させる部分（たとえば、ひびの修繕に伴い壁紙を新調したといった場合）については、有益費として賃貸借契約終了時に償還請求することができます。

(2)　**特約には注意すべき**

　上記のように、民法の理解として賃借人による修繕は許容されうるのですが、賃貸借契約には賃貸人の許可を得ない修繕を禁じる特約が付されている場合が多く、この特約は基本的には有効と解されますので（東京地判平6・12・16判時1554号69頁参照）、賃借人による修繕は特約違反として解除事由等になる場合があります。

　この点、賃貸人はひびの程度を調査したうえで修繕か取壊しのいずれかを選択すると考えられますから、賃借人が自ら修繕する際には、できる限り賃貸人の同意を得ておくべきでしょう。

## Q3

私（B）は、賃貸人（A）から賃借した建物に居住していました。次の場合、私（B）はAに対し不法行為を理由とする損害賠償責任を追及することができますか。

① 私（B）がちょうど建物のそばを歩いている時、地震によってブロック塀が崩れ、私（B）はけがをしてしまいました。

② 震災の際、私（B）は自宅にいたのですが、地震によって建物が倒壊し、私（B）は長時間生埋めになり、けがをしてしまいました。なお、賃借建物には設計・施工上の不備があり、そのせいで倒壊したようです。

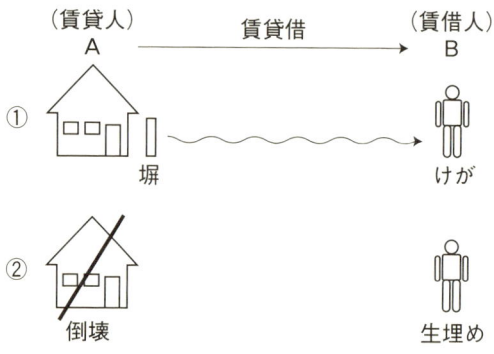

## A

### 1 結論

①の場合、その地域で予見可能な地震動に耐えうる安全性が欠如していた場合には、BはAに対し損害賠償請求できます。

②の場合、BはAに対し損害賠償請求できますが、生じた損害全てについてAに賠償責任が生じるとは限りません。

### 2 土地工作物責任

#### (1) 土地工作物責任とは

民法717条1項によると、土地の工作物の設置または保存に瑕疵が

あることによって他人に損害を生じたときは、その工作物の占有者または所有者は、被害者に対して不法行為を理由とした損害賠償責任を負うものとされています。これは、「危険な物を支配する者は、それから生じた損害についても責任を負うべきである」という危険責任の法理に基づく責任であり、所有者は無過失責任を負うものとされています。

(2) 要　件

まず、「工作物」とは、土地に接着して人工的に作出された設備をいいます。また、設置または保存の「瑕疵」とは、本来その物が社会通念上有していると期待される安全性を備えていないことをいいます。本問の各事例の場合、ブロック塀や建物が「工作物」に該当することは問題ありませんが、「瑕疵」はあったといえるでしょうか。

3　判例1（仙台地判昭56・5・8判タ446号48頁）について

(1) 事　案

判例1は、昭和53年に起こった宮城沖地震によって、建物のブロック塀が倒壊し、通行人が死亡した事故について、その通行人の相続人が所有者に対して土地工作物責任を追及した事案です。

(2) 裁判所の判断

判例1は、地震の場合の「瑕疵」を予見可能な地震動に耐えうる安全性の欠如と考えました。そのうえで、当時の仙台市近郊において通常発生することが予測可能な最大級の地震は震度5程度であるとして、当該ブロック塀が地盤、地質、施工状況等の諸事情に照らして震度5以上の地震に耐えうる安全性を有していたかを問題にしています。

そして、当該事故現場における地震動が震度5を超える強い振動であったことも十分考えられること、および、証拠上、当該ブロック塀が本来備えるべき震度5の地震に耐えうる安全性を欠いていたことを

立証するに足る証拠がないことを理由に、所有者の責任を否定しました。

(3) 分　析

上記のような判断から、俗に「判例は震度5を基準にしている」といわれることがあるのだと思われます（なお、「震度5か6か」という基準は、民法570条の瑕疵担保責任が問題となった仙台地判平8・6・11判タ931号248頁および控訴審である仙台高判平12・10・25判時1764号82頁でも問題となっています）。たしかに、当該地域で過去に起こった地震を統計的に分析し、事故当時、当該地域で予見しえた最大級の地震を「瑕疵」判断の基準とすること自体は妥当だったと思われます。

そこで、事例①に対する回答としては、「事故当時、その地域で予見可能な地震の震度を超えていなかった場合には賃貸人（A）の予見可能性が肯定されるため、当該建物がその震度に耐えうる安全性を備えていなかったときには、BはAに対し土地工作物責任を追及しうる」という回答となります。

もっとも、地震動の予見可能性の判断は、あくまで事案ごとの個別的判断であることに注意が必要です。たとえば、東北地方に絞って分析すると、昭和53年の宮城沖地震の後、平成15年の三陸沖地震においては宮城県石巻市など複数の市で最大震度6弱を、平成20年の岩手・宮城内陸地震では宮城県栗原市および岩手県奥州市で最大震度6強をそれぞれ観測していますから、現在予見すべき最大級の震度は、昭和53年当時より強震度のものとなるように思われます。

3　判例2（神戸地判平11・9・20判時1716号105頁）について

(1) 事　案

判例2は、平成7年の阪神・淡路大震災の際、賃貸マンションの1階部分が倒壊し、そこに居住していた賃借人が死亡または負傷したことから、賃借人およびその相続人が、当該マンションの所有者（賃貸

人）に土地工作物責任を追及したという事案です。

(2) 裁判所の判断

判例2は、まず、①証拠上、当該建物に設計および施工上の不備があることを認定したうえ、「建築当時を基準に考えても、建物が通常有すべき安全性を有していなかった」として、「瑕疵」を認定しました。

そのうえで、②想定外の地震であったことから、当該建物が「結局は本件地震により倒壊する運命にあったとしても、仮に建築当時の基準により通常有すべき安全性を備えていたとすれば、その倒壊の状況は」、「本件の実際の倒壊状況と……同様であったとまで推認することはできず、実際の施工の不備の点を考慮すると、むしろ大いに異なるものとなっていたと考えるのが自然であって……」、「本件賃借人らの死傷は、本件地震という不可抗力によるものとはいえず、本件建物自体の設置の瑕疵と想定外の揺れの本件地震とが、競合してその原因となっているものと認めるのが相当である」として、「瑕疵」と想定外の地震の原因競合によって損害が発生したものと認定し、所有者に損害の5割の賠償責任を認めました。

(3) 分　析

判例2は、このように自然力の損害発生に対する寄与度について割合的に斟酌して賠償責任の減額処理をしており、妥当な処理と考えられます。

そこで、事例②について回答すると、設計・施工上の不備があったために建物が倒壊したのであれば、地震についての予見可能性を問題とするまでもなく、「瑕疵」があったものとしてAに対し工作物責任を追及することができます。ただし、自然力の寄与については、事例ごとに損害賠償額の減額処理がなされえますから、Aに損害額全部についての賠償責任が生じるとは限りません。

**Q4** 私（B）は、賃貸人（A）から建物を賃借していますが、次の場合、私（B）は、Aに対して債務不履行を理由とする損害賠償責任を追及することができますか。

① 私（B）は2階建ての賃借物件でスーパーを営んでいますが、地震以降、1階のスプリンクラーが故障し、水の被害により商品が毀損しました。2階のスプリンクラーには異常がありません。

② 私（B）は、賃貸人（A）から賃借した数階建ての建物で店舗を営んでいたのですが、建物が所在する土地で液状化現象が起こり、営業を停止することになってしまいました。

③ 地震の影響でエレベーターが止まり、営業ができない状態になりました。

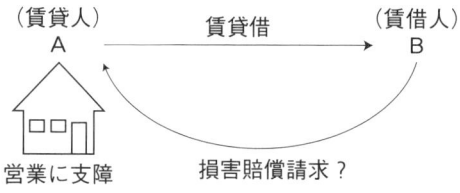

## 1　結　論

①及び③の場合、Aに設備管理上の懈怠が認められれば、BはAに対して損害賠償を請求することができます。

②の場合は、BはAに対して損害賠償を請求することはできないと思われます。

## 2　賃貸人の債務不履行責任が発生するための要件

### (1) 賃貸人の使用収益させる債務

民法601条によると、賃貸人は賃借人に賃貸物を使用収益させる債務を負います。賃貸人がこの義務に違反した場合は、債務不履行に基

づく損害賠償責任を負います（同法415条）。では、Ｑ４①〜③の各事例の場合、賃借人Ｂは賃貸人Ａに対し、債務不履行を理由として損害賠償請求することができるでしょうか。

### (2) 賃貸人の債務不履行責任

債務不履行に基づく損害賠償請求の一般的な要件は、㋐債務の発生原因事実のあること、㋑債務が履行されていないこと、㋒損害の発生、㋓債務者の帰責事由です。

このうち、㋐の債務の発生原因事実のあること（賃貸借契約の締結）、㋑の債務が履行されていないこと（客観的に賃貸人が使用収益できていない状態）、および㋒の損害の発生（①では商品の毀損、②③では営業の停止によって本来得べかりし営業利益を失うという損害）については、特に問題がないでしょう。

問題は、㋓の債務者（使用収益させる債務が問題となっていますから、この場合は賃貸人を指します）の帰責事由が認められるかです。

## 3　①スプリンクラーの故障の事案

上記①の事案においては、地震によってスプリンクラーが誤作動を起こした可能性が高く、賃貸人には帰責事由が認められないのが原則でしょう。

もっとも、賃貸人には賃貸物件におけるスプリンクラー等の設備を適切に管理する義務があるところ（契約上特段の合意があるとか、賃借人が勝手にスプリンクラーを設置しているといった場合は別です）、本件では２階のスプリンクラーには異常がないとのことですから、地震というより、１階のスプリンクラーに原因があったとも考えられます。

このような場合には、その場所において過去に統計上観測された震度の大小、その場所において本件事故当時に観測された震度の大小、近隣の建物や施設における損害発生の有無、その建物が施工当時の耐震基準を守っているか否かといった諸事情を考慮し、「通常、今回の

地震ではスプリンクラーは故障しないであろう」といえ、賃貸人の責めに帰すべき事由によって損害が生じたか、少なくとも地震と賃貸人の行為の原因競合によって損害が生じたものと判断できる場合には、Aに設備管理の懈怠（帰責事由）があるものとして、BはAに対して債務不履行責任を問うことができるでしょう。

　もっとも、Bとしては、Aとの良好な関係を維持したいのであれば、Aとの交渉によって賃料の免除や減額を得るといった妥協点を見出していくべきといえます。

### 4　②液状化現象による営業停止の事案

　土地液状化現象はその土地自体の性状によるものと考えられますから、それについて賃貸人に責任を問うことは酷すぎるでしょう。そこで、②の事案については、BはAに対し責任を問うことができないと考えます。Bとしては、Aと交渉して賃料の免除や減額を求めていくべきでしょう。

### 5　③エレベーターが停止した事案

　③エレベーターの停止の事案も、①のスプリンクラーの事案と同様であり、原則的にはAに責任はないと考えますが、エレベーターの維持・管理についてAの責任を基礎づける事情（たとえば、定期的な点検を怠っていたことにより、部品に損耗が生じていた場合など）があれば、BはAに対して損害賠償請求することができます。ただ、Aに賃料の免除や減額を求めていくほうが現実的だと思われます。

**Q5** 私（A）は、自己所有の建物をBに賃貸していましたが、大地震の影響で建物に多額の修繕費用が必要な状態となりました。地震を理由に家賃の値上げを要求できますか。

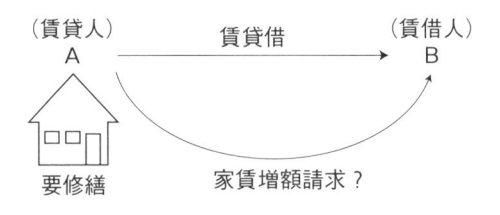

（賃貸人）A ——賃貸借→ （賃借人）B
要修繕　　家賃増額請求？

― A ―

## 1　結　論

賃借人の承諾が得られない場合であっても、一定の裁判手続を経ることで、家賃の値上げを実現することが可能です。

## 2　賃貸人は修繕費用の負担を賃借人に転嫁できるか

Q2で述べたとおり、大震災が原因であっても、賃貸人は建物の修繕をしなければなりません。では、賃貸人は、賃借人に対し、これを理由に家賃の値上げを請求することができるでしょうか。

## 3　修繕費用の支出前

賃料は目的物の使用収益の対価ですから（民法601条）、賃貸人が修繕を行う前に、将来の修繕費用の負担を賃借人に求めることは理論的にはできません。また、同様に、将来の修繕費用を賃料のかたちで一方的に賃借人に転嫁することも許されないと解されます。

ただ、任意の増額交渉は当然認められますから、当該建物での継続居住を希望する賃借人からの合意が得られれば、将来の修繕費用を賃料に転嫁するかたちでの増額が肯定されます。

## 4 修繕費用の支出後
### (1) 賃貸人が費用負担を求める方法
**a 借地借家法31条および罹災都市借地借家臨時処理法17条**

では、賃貸人が多額の修繕費用を現に負担し、目的物(建物)の効用を高めたとします。この場合、賃貸人としては、いかなるかたちで賃借人にその負担を転嫁していけばよいのでしょうか。

考えられる方法としては、①借地借家法31条に基づいて賃料増額請求をすること、および②罹災都市借地借家臨時処理法(以下、本書において「罹災都市法」といいます)17条の借家条件に関する裁判(なお、建物が滅失していない場合でも、当該条文の適用はあると考えられます)によって、借家条件、特に賃料の変更を求めることが考えられます。

**b 罹災都市法17条にいう「著しく不相当」の意義**

罹災都市法17条では、「地代、借賃、敷金その他の借地借家の条件が著しく不当なとき」に裁判所が条件の変更を命ずることができると規定されています。

判例によると、罹災都市法にいう「著しく不当」とは、借地借家法にいう「不相当」よりも厳格な判断であり、当該契約の有効性そのものを危うくさせるおそれがあるか、またはこれに近似する程度にその条件の不当なものをいうと解されています(東京地判昭31・4・21下民集7巻4号993頁)。

これは、罹災都市法17条の借家条件変更等の裁判が、借地借家法の賃料増減額請求等と異なり、契約成立当初から条件が不当な場合であっても、また、当事者の意思にかかわりなく条件を変更しうるものであることから、要件を厳格に絞るべきとの考えに基づきますが、やや厳格にすぎるのではないかとも考えられ、裁判所による柔軟な判断が望まれます。

## (2) 賃料の増額が認められるか

では、借地借家法31条または罹災都市法17条に基づき裁判所による判断が行われるとして、賃料増額は認められるでしょうか。

罹災時においては賃貸人・賃借人がともに被災者であり、両者の利益を調和させねばならないため、むずかしい問題となりますが、裁判所は、①支出された費用の額、②修繕によってどれほど建物の効用が高まったか、③従前の賃貸借の経緯、④区画整理、再開発等によって当該建物についての借家権の価値が増加したといった事情が存するかといった諸事情を総合的に考慮し、適正かつ妥当な賃料額を決定しなければなりません。

**Q6** 私（A）は、自己所有の建物をBに賃貸していましたが、地震の影響で建物の損傷が激しく、倒壊するのではと心配なので、賃貸借契約を終了させたいと思っています。
① 賃貸借契約を解除したいのですが、可能ですか。
② 被災を理由とする解約の申入れや、契約の更新拒絶は認められますか。

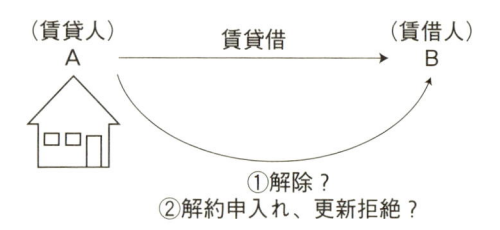

（賃貸人）A　賃貸借　→　（賃借人）B
①解除？
②解約申入れ、更新拒絶？

--- A ---

## 1　結　論

①建物の損傷の程度が著しければ、解除が認められる場合があります。

②また、損傷の程度や提供する立退料の額等の事情によっては、解約申入れや更新拒絶が認められます。

## 2　賃貸人による解除の可否

### (1)　問題点

民法は、「賃借物の一部が賃借人の過失によらないで滅失したときは、賃借人は、その滅失した部分の割合に応じて、賃料の減額を請求することができる」として賃借人の減額請求を定め（同法611条1項）、また、この場合、「残存する部分のみでは賃借人が賃借をした目的を達することができないときは、賃借人は、契約の解除をすることができる」（同条2項）と定めています。

もっとも、民法は賃借人による解除を認めるのみであって賃貸人側

からの解除は規定していません。

では、賃貸人側から解除することはできるのでしょうか。

### (2) 賃貸人による解除（事情変更の原則）

#### a 事情変更の原則

事情変更の原則とは、契約締結後、その基礎となった事情が当事者の予見しえなかった事実の発生によって変化し、このため当初の契約内容に当事者を拘束することがきわめて過酷となった場合に、契約内容の改定または解除が認められるという考え方をいい、「信義誠実の原則（民法1条2項）」に基づくものとされ、判例上も一般論としては確立しています（最判平9・7・1民集51巻6号2452頁等）。

ただし、判例上、最高裁判所がこの原則によって解除を認めたことはなく（契約の解除が認められた事例は最上級審レベルでは大審院の時代に1件あるのみです）、賃貸人による解除が認められるとしても、それは限定的な場合となるでしょう。

#### b 震災の場合

具体的には、震災によって、かりに修繕をすると当該建物を新しく再築するのと同視できるほどの費用が発生してしまうような場合等、建物の損傷の程度が著しい場合であれば、賃貸人と賃借人との利益衡量上、賃貸人の利益を優先させるべきといえますから、事情変更の原則により、解除が認められるべきであると考えます。

### 3 解約申入れ、更新拒絶

#### (1) 正当事由

賃貸人は、賃貸借契約に期間の定めがある場合には契約期間満了の1年前から6カ月前までに更新拒絶するか（借地借家法26条）、期間の定めがない場合には解約の申入れにより（同法27条）、賃貸借契約を終了することができます。ただし、いずれの場合でも、正当事由のあることが必要とされています（同法28条）。

正当事由は、①賃貸人および賃借人の建物の使用を必要とする事情のほか、②建物の賃貸借に関する従前の経過、③建物の利用状況および現況、④建物の賃貸人が建物の明渡しの条件としてまたは建物の明渡しと引き換えに賃借人に対してする財産上の給付（立退料）の申出、の各ファクターを総合的に考慮してその有無が判断されます。

(2) **震災の場合**

　震災の場合は、地震によってどれだけ建物が損壊したのかが最も重要な判断ファクターとなるでしょう。損壊の程度が著しく、建物を調査した結果、倒壊の危険性が高く認められるという場合であれば、それほど高額な立退料を支払わなくても正当事由が認められ、賃貸人からの解約申入れまたは更新拒絶が認められるでしょう。

**Q7** 私（B）がAから賃借していた建物が地震で倒壊したのですが、敷金は返還してもらえますか。敷引特約がついている場合はどうなりますか。

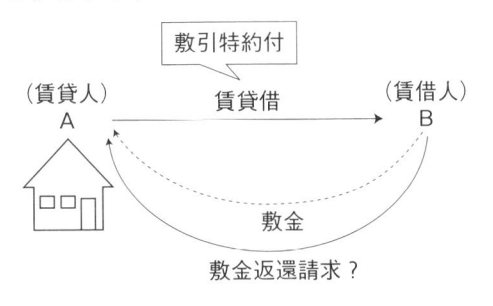

**A**

## 1 結論

敷引特約が存しない場合はもちろん、仮にこれが存した場合であっても、Bは、AB間の賃貸借契約上、明確に敷金を返還しないことが定められていない限り、原則として、Aに対して敷金の返還を要求できます。

## 2 敷引特約の有効性

### (1) はじめに

建物が滅失した場合、賃貸借契約は当然に終了しますから、賃借人は賃貸人に対し、敷金の返還を要求することができるはずです。

では、この結論は敷引特約が存する場合でも同じでしょうか。敷引特約の有効性については、近時、最高裁判所が初めての判断を示しています。

### (2) 最判平23・3・24（裁時1528号15頁）について

a 判示内容

最高裁判所は、「消費者契約である居住用建物の賃貸借契約に付された敷引特約は、当該建物に生ずる通常損耗等の補修費用として通常

想定される額、賃料の額、礼金等他の一時金の授受の有無及びその額等に照らし、敷引金の額が高額に過ぎると評価すべきものである場合には、当該賃料が近傍同種の建物の賃料相場に比して大幅に低額であるなど特段の事情のない限り、信義則に反して消費者である賃借人の利益を一方的に害するものであって、消費者契約法10条により無効となる」と一般論を示しました。

そのうえで、問題となった事案については、①敷引金の額が、契約の経過年数や本件建物の場所、専有面積等に照らし、本件建物に生ずる通常損耗等の補修費用として通常想定される額を大きく超えるものとまではいえないこと、②敷引金の額が、契約の経過年数に応じて月額賃料の2倍弱ないし3.5倍強にとどまっていること、③賃借人が契約更新時に1カ月分の賃料相当額の更新料の支払義務を負うほかには、礼金等他の一時金を支払う義務を負っていないことから、結論として敷引金の額が高額すぎると評価することはできない（したがって、無効とはならない）と判断しています。

b　分　析

以上の最高裁判例から、敷引特約は、当該契約における諸般の事情を総合的に考慮した結果、敷引金の額が高額すぎるものである場合には、賃料が相場に比して大幅に低額であるなど特段の事情のない限り、無効となります。逆にいうと、敷引金の額が高額すぎるといえなければ、敷引特約は有効ということになります。

## 3　敷引特約は、災害により賃借家屋が滅失した場合にも適用されるか

### (1)　最判平10・9・3（民集52巻6号1467頁）について

阪神・淡路大震災における敷引特約の適用について、最高裁判所は、「災害により賃借家屋が滅失し、賃貸借契約が終了したときは、特段の事情がない限り、敷引特約を適用することはできず、賃貸人は

賃借人に対し敷引金を返還すべきものと解するのが相当である」と判示しています。

そして、その理由として最高裁判所は、「敷引金は個々の契約ごとに様々な性質を有するものであるが、いわゆる礼金として合意された場合のように当事者間に明確な合意が存する場合は別として、一般に、賃貸借契約が火災、震災、風水害その他の災害により当事者が予期していない時期に終了した場合についてまで敷引金を返還しないとの合意が成立していたと解することはできないから、他に敷引金の不返還を相当とするに足りる特段の事情がない限り、これを賃借人に返還すべきものである」との理由をあげています。

(2) 分　　析

この最高裁判所の判断によって、契約上、大災害によって契約が終了した場合であっても敷引金を返還しないことが明確に合意されているか、あるいは、その他の敷引金の不返還を相当とするに足りる事情が存しない限り、敷引特約の適用はなく、敷金は返還しなければならないことになります。

## 第 2 節
## 罹災都市借地借家臨時処理法による借家関係の処理

**Q8** 罹災都市法の適用範囲はどのようになっていますか。
① どのような要件のもとで適用されますか。たとえば、地震に伴って発生した火災により建物が全焼した場合にも、罹災都市法が適用されますか。
② 東日本大震災の場合、どの地域が適用対象になりますか。
③ 保護の内容は通常の借家関係と異なりますか。
④ 罹災都市法の問題点は何ですか。

--------A--------

### 1 罹災都市法とは

　民法および借地借家法上、賃借建物が地震や津波等によって滅失した場合、賃貸借契約は終了します。これは、滅失について当事者に過失があったか否かを問いません。ただ、そうすると、建物の賃借人は天災で甚大な被害を被っているにもかかわらず、同時に居住を失うことになり、酷な結果を強いられます。このような場合に、賃借人に罹災都市法による保護が与えられるのです。

　この法律は、関東大震災の際に混乱した借地借家関係を処理するために定められた「借地借家臨時処理法」（大正13年）、および、その後の第二次世界大戦の際、焼土の効果的活用のために定められた「戦時罹災土地物件令」（昭和20年）を基礎として制定され、一般的に災害時に適用される法律として、阪神・淡路大震災、新潟県中越沖地震の際など、多くの災害の場合に適用されてきました。

## 2　適用の要件

### (1)　賃借建物の「滅失」

罹災都市法による保護を建物賃借人が受けるためには、賃借建物が「滅失」することが必要となります。ここで「滅失」とは、賃貸借の目的となっている主要な部分が消失して、全体として効用を失い、賃貸借の趣旨が達成されない程度に達したか否かにより判断するものとされ、この判断の際には修復が通常の費用では不可能か否かを考慮するものとされています（最判昭42・6・22民集21巻1468頁）（詳しくは、Q1を参照）。

### (2)　因果関係

罹災都市法の「災害のため滅失」や政令の「震災……に伴って起こった火災」といった文言から、罹災都市法の適用を受けるためには、災害と「滅失」およびその後の火災との間に相当因果関係が必要となると考えられます（相当因果関係とは、その災害から建物の「滅失」や火災が起こったことが社会通念上相当であるとの関係をいいます）。

生活基盤を失った借家人の居住を保護する趣旨から、相当因果関係は広く解釈されるべきであり、地震に伴って発生した火災による滅失の場合は、当然に相当因果関係が肯定されると考えられます。

なお、この点については、（問題となる震災ごとに制定される）罹災都市法25条の2所定の政令の内容に注意を払う必要があります。

## 3　東日本大震災の場合

平成23年3月14日、政府は東日本大震災の被災地について、罹災都市法を適用する方針を決定しました（政務三役会議）。具体的に適用される地域は政令で定められるのですが（罹災都市法25条の2）、本稿執筆時現在、政令による指定はいまだなされていません。

## 4　制度の内容

前記の基準に従って建物が「滅失」した場合、従来の「建物」賃借

人には、①罹災当時、地主と家主が同一人であった場合に、「土地」を優先的に賃借できるという「敷地優先賃借権」（罹災都市法2条）、②罹災当時、地主と家主が別人であった場合に、「土地」賃借権を優先的に譲り受けることができるという「借地権優先譲受権」（同法3条）、③罹災後、地主や借地人が建物を再築した場合に、完成前に申し出れば優先的に当該建物を賃借できるという「再築建物の優先賃借権」（同法14条）が認められます（詳しくは、Q9以下を参照）。

## 5　罹災都市法の問題点

### (1)　従来から指摘されてきた問題点

① 　罹災都市法上、敷地優先賃借権や再築建物の優先賃借権がいかなる場合にいかなる条件で認められるのかについての基準が不明確であるため、逆に紛争が増加する危険があります。

② 　そして、罹災都市法に定める各権利が発生したとしても、それらを現実に行使する場合、賃借人側には地代、借地権の譲受代金、建物の再築費用といった多額の費用が発生します。このような費用負担を憂慮した賃借人側が各権利の行使を逡巡することも多いと思われ、これでは各権利は画餅に帰してしまいます。

③ 　また、罹災都市法に定める各権利の行使により、同じく被災者である家主側が経済的な困窮を強いられるおそれがあるといわれており、貸主と借主の利益調整としてバランスを失するという問題もあります。たしかに賃借人の居住保護は重要ですが、これは賃貸人の負担によってではなく、国や地方公共団体による復興のための都市計画と結びついたかたちで公的な支援により実現されるべきでしょう。

④ 　現在、罹災都市法が制定された当時以上に、「滅失」の判断がむずかしくなっています（Q1参照）。このことから、そもそも建物の「滅失」を要件に罹災都市法を適用することが問題ともいわれ、

滅失の有無を問わず優先借家権を成立させるよう改正すべきという考え方もあります。

⑤　さらに、罹災都市法を根拠として各被災者が自己の望むままに建物を再築していくと、逆に迅速な復興を妨げるのではないかと危惧されています。

### (2)　東日本大震災における問題点

罹災都市法による保護は、上記4で述べた制度内容から明らかなように、従来賃借していた当該場所での居住を保障することを目的としています。これは、母体となった借地借家臨時処理法や戦時罹災土地物件令の立法の沿革からは当然でしょうが、東日本大震災の場合、第一原発の20km以内地域においては、平成23年4月22日、警戒区域として原則立入りが禁止される処理がされており、この地域では、「建物はなんら損壊していないが、居住はできない」という現象が生じています。罹災都市法は、このような態様の被害については有効に機能しません。

### (3)　今後の方向性

結局、罹災都市法には問題点も多く、従来から改正論議がなされていましたが、国会が法改正を行うことはありませんでした。今後は、制限的な適用をするか、あるいは迅速に適切な改正をしたうえでの適用が求められるでしょう。

## Q9 民法、借地借家法、旧借地法、旧借家法、罹災都市法の適用関係はどのように考えるべきですか。

### A

### 1 民法と借地借家法等との関係

まず、借地借家関係については、民法601条以下に原則的な定めがあります。もっとも、同法をそのまま適用すると借地人または借家人保護に欠ける結果となり、住宅問題が多発したため、これを解決すべく大正10年に制定された法律が旧借地法および旧借家法です。そして、その後の社会的背景の変化にあわせ、平成3年に2つの特別法と建物保護法を融合させ、借地借家法が新たに成立しました。

民法と借地借家法（旧借地法および旧借家法を含む）とは一般法と特別法の関係に立つため、借地借家法等に特別の定めがある場合には、民法の規定よりこちらが優先することになります。ただし、特別法に規定がない事項については、一般法である民法によることになります。

### 2 借地借家法と旧借地法および旧借家法との関係

#### (1) 平成4年8月1日以前に生じた事項

a 原則的な処理（遡及適用）

では、旧借地法および旧借家法と新たに制定された借地借家法の適用関係はどのように考えるべきでしょうか。

この点については、借地借家法附則4条により、「借地借家法の規定は借地借家法施行前に生じた事項についても適用される」との原則が採用されています。

法律上、新法が制定された場合にはその施行前に生じた事項には新法を適用しないとする処理が一般的ですが（新法の不遡及）、民事法分野では、旧法より合理的な内容であるべき新法を既存の関係にも適用

することが妥当であるとの考えから、遡及適用の原則がとられることも多いのです。

このように、借地借家法は、その施行（平成4年8月1日）以前に生じた事項についても原則的に適用されます。なお、旧借地法および旧借家法の規定によりすでに生じた効力が覆ることはありません。

b　経過措置

もっとも、遡及適用の原則には重要な例外があり、借地借家法附則4条によると、「この附則に特別の定めがある場合」には、旧借地法および旧借家法が適用されることとされています。

借家関係に絞って説明すると、①借地借家法施行前に成立した建物賃貸借の更新拒絶の通知および解約申入れについては、旧借家法1条の2が適用されること（借地借家法附則12条。旧借家法1条の2の文理と判例法との乖離を是正したのが借地借家法28条といわれています）、②借地借家法施行前にされた転貸借の場合、転借人に造作買取請求権はないこと（借地借家法附則13条）、③借地借家法の施行前または施行後1年以内に借地権の存続期間が満了する場合には、建物転借人の明渡猶予期間の制度（借地借家法35条）の適用がないこと（借地借家法附則14条）が定められていることに注意が必要です。

(2)　**平成4年8月1日以降に生じた事項**

これについては、旧借地法および旧借家法の適用はなく、借地借家法が適用されることになります。

3　借地借家法等と罹災都市法との関係

借地借家関係は以上のように規律されますが、特別法である借地借家法（旧借地法および旧借家法）の、さらなる特別法に当たるものが罹災都市法になるとの位置づけです。

罹災都市法は、賃借建物が「滅失」した場合には、当然に賃貸借契約が終了することから、賃借人を保護するために例外的な措置を設け

ています(「滅失」の意義についてはＱ１を、罹災都市法の制度内容についてはＱ10以下を参照)。

**Q10** 罹災都市法上の敷地優先賃借権とはどのようなものですか。

① 一般的要件は何ですか。
② 罹災都市法2条の「滅失した当時の建物の借主」には、使用借人も含みますか。また、転借人を含みますか。
③ 罹災都市法上の敷地優先賃借権によって取得した借地権の対抗力、存続期間はどうなりますか。

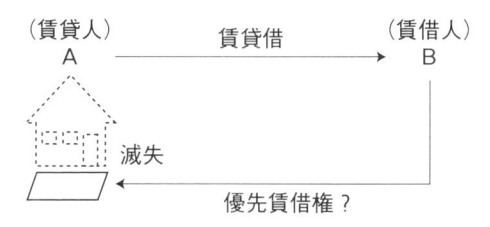

```
            （賃貸人）      賃貸借      （賃借人）
              A   ────────────────→      B
             ┌─┐
             │ │ 滅失
             └─┘
                  ←──── 優先賃借権？
```

---

**A**

**1　罹災都市法上の敷地優先賃借権とは**

　震災等によって建物が滅失した場合、従来の「建物」賃借人には、罹災当時、地主と家主が同一人であった場合は、政令施行の日から2カ年以内に建物所有の目的で賃借の申出をすることによって、その「土地」を優先的に賃借できるという「敷地優先賃借権」が与えられます（罹災都市法2条）。

　ただし、その土地を権原により現に建物所有の目的で使用する者がある場合、または、他の法令により、その土地に建物を築造するについて許可を必要とする場合に、その許可がないときは申出をすることができません。

**2　敷地優先賃借権の要件**（上記①②）

**(1)　「罹災建物が滅失した当時におけるその建物の借主」**

　この文言については、一般に、罹災によって建物が滅失した当時、

第1章　借家関係に震災の与える影響　35

有効かつ適法な使用関係に基づいてこれを使用していた者と理解されていますから、使用借主や建物転借人も含まれることになります。なお、この問題点は、再築建物の優先賃借権（Q13参照）にも共通するものです。

(2) 「その建物の敷地又は換地に借地権の存しない場合」

敷地優先賃借権が成立するには、罹災当時、借地権が存しないことが必要です。建物の敷地に借地権が存する場合とは、すなわち地主と家主が別人の場合であって、この場合には罹災都市法3条の借地権優先譲受権の問題となります。

なお、「換地」とは、土地区画整理法等に基づく区画整理の結果割り当てられる土地のことをいいます。

(3) 「この法律施行の日から2箇年以内に」

この文言については、「政令施行の日から2箇年以内」と読み替えられます（罹災都市法25条の2）。

## 3　地主側の対応

地主としては、この申出を受けた時から3週間以内に拒絶の意思表示をしない場合、申出を承諾したものとみなされます。

また、拒絶には、建物所有の目的で自ら使用することを必要とする場合その他正当な事由が要求されます（「正当な事由」については、Q11を参照）。

## 4　他の法令により、建物築造の許可を必要とする場合

建築基準法等で建築制限がされる場合がこれに該当します。

たとえば東日本大震災の場合、複数の市において建築基準法による建築制限（2カ月間）がされ、さらに被災地のまちづくり計画策定に時間的余裕を与えるべく、特別法による期間の延長がされました（東日本大震災により甚大な被害を受けた市街地における建築制限の特例に関する法律）。

罹災都市法2条の申出をする場合には、建築制限の解除を停止条件として申出をすることになります。

## 5 敷地優先賃借権により取得した借地権の対抗力、存続期間（上記③）

### (1) 対抗力

本来、借地権は、第三者に対抗するためには、借地権の登記（民法605条）か、借地上の建物登記（借地借家法10条1項）が必要とされますが、判例は、罹災都市法2条の借地権については例外的にそれらの登記がなくても第三者対抗力を有するとしています。

### (2) 存続期間

罹災都市法5条によると、同法2条の借地権の存続期間は、借地法2条（借地借家法3条）の期間にかかわらず、10年とされています。これは、①戦後の混乱期に建築されたバラックにおける居住を保護しようとした立法の経緯から、そもそも耐久度の低い建物が想定されていること、②敷地優先賃借権が地主の意思にかかわらず取得しうる権利であり、地主の利益に配慮すべきことに基づきます。

なお、当事者間で期間について別段の合意があれば、合意された期間となります。ただし、この期間は10年以上でなければなりません（罹災都市法5条2項）。

そして、10年の存続期間が満了するときは、更新に関する借地借家法が適用されることに注意が必要です。すなわち、賃貸人が更新拒絶するには正当事由が要求され、また、更新後の借地権の期間が最初の更新後においては20年、その後の更新後においては10年となります（借地借家法4条）。

**Q11** 私（B）は、家主（A）に対し、ずっと家賃を滞納していました。私（B）は、罹災都市法上の敷地優先賃借権を主張できますか。

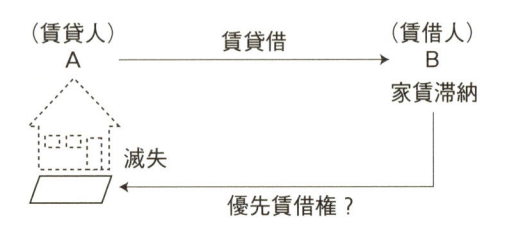

```
     （賃貸人）      賃貸借      （賃借人）
        A      ─────────→       B
                                家賃滞納
       [家]
        ┌─┐ 滅失
        └─┘  ←───────── 優先賃借権？
```

— A —

1　結　論

　Bが敷地優先賃借権を行使しても、その申出はAによって正当に拒絶される可能性が高いと思われます。

2　背信的賃借人による優先借地権の申出

　罹災都市法2条には、単に「罹災建物が滅失した当時におけるその建物の借主」とのみ規定されていますから、かりに賃料をまったく払っていなかった賃借人であっても、同法2条の申出をすることは可能です。

　もっとも、背信的行為を行う賃借人を賃貸人の利益を犠牲にしてまで保護する必要はありません。

　罹災都市法2条3項は、地主は「建物所有の目的で自ら使用することを必要とする場合その他正当な事由がある」場合には賃借人からの申出を拒絶することができるとしていますから、背信的賃借人からの申出の場合には、「正当な事由」の有無の判断によって、妥当な結論を導くべきです。

　なお、この問題点は賃借人に背信的行動がある場合に共通しますから、賃料滞納事例のほか、使用態様が非常に悪質であるといった場合

も同様に考えられます。

## 3　正当な事由

　ここで「正当な事由」とは、判例上、土地所有者および賃借申出人がそれぞれその土地の使用を必要とする程度のほか、双方に存するその他の諸般の事情を総合的に判定すべきものとされています。

　結局は、具体的な事例ごとに賃貸人側と賃借人側の利益調整をした結果、賃貸人側の利益を保護すべきと判断される場合に「正当な事由」があると判定されますが、たとえば、地主が資力に乏しく当該土地を他に売却しないと生計が立てられない事例、賃借人側が他に住居を有している事例、賃借した土地上に建てた建物を営利目的で賃貸する予定である事例などでは、「正当な事由」が肯定されやすいでしょう。

　本問の場合について考えると、通常、長期間にわたる賃料滞納があれば、当該賃借人からの優先賃借権の申出を拒絶するのに正当の事由があるといえるでしょう。

**Q12** 私（B）がAから賃借していた建物が地震で倒壊したのですが、その後、Aは建物を再築しません。私（B）は、その場所に家を建て替えて住み続けたいと考えていますが、勝手に建物を建築してよいですか。

（賃貸人）A ——賃貸借→ （賃借人）B 再築？
倒壊

---

**A**

### 1　結　論

Bは、罹災都市法上の権利を行使することによって、建物の再築をすることが可能です。

ただし、それに伴う経済的負担等については注意が必要です。

### 2　建物を再築する権利があるか

建物賃借人であった者は、建物賃借権を有していたにすぎず、また、建物の滅失によって賃貸借契約は当然に終了しますから、勝手に建物を再築する権利はありません。

この場合、Bが、建物再築の意思と資力を有するのであれば、罹災都市法の敷地優先賃借権（2条）または借地権優先譲受権（3条）を行使して、借地権を得たうえで、建物を建築することが可能です。

### 3　敷地優先借地権等を行使するにあたっての注意点

(1) **各種権利のいずれを行使するかの選択**

a　経済的事情

各種の権利は、その権利行使に伴う経済的負担の程度が異なります。

すなわち、①敷地優先賃借権を行使した場合、地主に対して一時金として権利金を支払い、さらに、継続的に地代を支払い続けることになります。また、②借地権優先譲受権を行使するのであれば、権利金や地代の前提として、まず譲受代金を支払わなければなりません。他方、③再築建物の優先賃借権の場合は、地代よりは安価な賃料ですみます。
　また、これらの借地（家）条件について当事者間で合意ができない場合には、裁判所の判断を得ることになりますが、これについても、時間と費用を要することになります。
b　地主からの情報収集
　たとえば、地主が建物を再築する意思を表明していた場合、その後建物を再築しなかったとしても、政令施行から2カ年が経過すれば、敷地優先賃借権および借地権優先譲受権の行使はできなくなります。
　そこで、建物賃借人としては、地主に建物再築の意思があるかを確認すべきです。また、地主から再築意思の表明があった場合でも、規模や施工時期等から具体的な計画といえるのか、真実、再築が行われると判断できるか確認する必要があるでしょう。場合によっては、主位的に再築建物の優先賃借権の行使をし、副位的に敷地優先賃借権または借地権優先譲受権の行使をするといった方法も考えられます。

(2)　抵当権との関係
　建物の滅失によって従前の賃貸借契約は当然に終了するため、罹災都市法によって与えられる賃借権は、従来の賃貸借契約上の権利とは別個独立の権利です。
　そこで、かりに敷地優先賃借権を行使し借地権を得て、建物を再築したとしても、その申出以前に土地に設定・登記された抵当権には対抗しえず、抵当権の実行により土地が競落された場合には、建物を収去して土地を明け渡す必要があります。なお、罹災都市法2条にいう

「他の者に優先して」との文言は、このような場合にまで優先的効力を認めるものではありません。

　土地の競売および競落がされた場合には、旧借主は、競落人による築造建物について優先賃借権を行使することが可能でしょう（罹災都市法14条にいう「最初に築造された建物」とは、旧借主以外の者によって最初に建築された建物という意味であって、旧借主が敷地優先賃借権の行使により自ら建物を築造したが、その後抵当権の実行によって建物が収去され、さらに競落人により建物が再築されたときには、この競落人による築造建物は14条にいう「最初に築造された建物」に該当すると考えられるからです）。

　このように、敷地優先賃借権等を行使する場合には、その後の抵当権の実行がありうるのか否かを考慮に入れなければなりません。

4　本問の場合

　Bは、上記のような各要素を考慮に入れながら、自らにとって最も適切な方法を決定する必要があります。

　逆にいえば、上記のように権利行使に付随して、負担もまた不可避的に発生することが、罹災都市法の大きな問題点といえます。

**Q13** 罹災都市法上の再築建物についての優先賃借権の一般的要件はどのようなものですか。

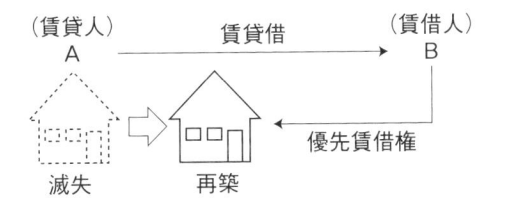

```
（賃貸人）     賃貸借      （賃借人）
   A ─────────────→ B
                        │
   ［ ］ ⇒ ［家］ ←───┘
                優先賃借権
   滅失    再築
```

――――――――――― A ―――――――――――

## 1 再築建物の優先賃借権とは

罹災都市法によると、滅失した当時における当該建物の賃借人は、当該建物の敷地に、当該建物が滅失した後その賃借人以外の者によって最初に築造された建物について、その完成前、賃借の申出をすることによって、他の者に優先して、相当な借家条件で、その建物を賃借することができるとされています（同法14条1項）。

この権利は、「優先借家権」とも呼ばれます。

震災により賃借していた建物が滅失した場合、建物賃貸借契約は当然に終了します。この場合、罹災都市法は、従来賃借していた当該場所での居住を望む者に対し、①建物再築の意思および資力を有するのであれば敷地優先賃借権（2条）または②借地権優先譲受権（3条）を与え、他方、③建物再築の意思および資力を有しないのであれば再築建物の優先賃借権を与えることで、賃借人保護を図ったわけです。

以下、建物優先賃借権の要件を説明します。

## 2 要件

### (1) 賃借建物の「滅失」

「滅失」の意義については、Q1を参照してください。

(2) 賃借人以外の者による築造

建物優先賃借権が成立するには、条文上、建物賃借人以外の者が築造した建物であることが要件となります。

建物優先賃借権を主張する当該賃借人以外の者であれば、他の何人による築造であってもよいと解されますから、たとえば、アパートが倒壊した場合に、そのうち1部屋を賃借していた賃借人が敷地優先賃借権を行使し、同じ場所にアパートを再築したときには、従前アパートの他の賃借人は、建物優先賃借権を行使し、再築アパートに入居することができることになります。

(3) 滅失後、最初に築造された建物

建物優先賃借権が成立するには、条文上、滅失後、最初に築造された建物である必要があるため、たとえば、震災後、建物が再築され、その後に再度建て替えた場合には、もはや建物優先賃借権を行使することはできなくなります。

(4) 建物完成前の申出

建物優先賃借権が成立するには、建物が完成する前に賃借人が申し出る必要があります。ここで建物の「完成」とは、判例によると、「必ずしも即刻これを使用し得るほどに造作その他の建築を完備せることをゆうものではなく、家屋としての主要な構造の増築の完了せるを以て足る」とされていますから（東京地判昭26・6・11下民集2巻6号748頁）、建物の主要部分の建築が完成した後には、建物優先賃借権の申出はできません。

(5) 「他の者に優先して」

建物優先賃借権には他の者に対する優先的効力が認められますが、たとえば、アパート（10戸）が震災によって倒壊した場合に、再築された建物が一戸建てのときや、再築されたアパートは戸数が減り5戸しかなかったときなどは、優先賃借権を行使した賃借人間での調整が

必要となります。

　これらの場合の処理については諸説ありますが、罹災都市法16条の適用があり、裁判所が「建物の状況、借主の職業その他一切の事情を斟酌して」賃借部分の割当てを判断すべきであると考えます。

(6)　相当な借家条件

「相当な借家条件」とは、客観的に相当な借家条件ですが、当事者間で合意が得られない場合には、裁判所が鑑定委員会の意見を聞き、「従前の賃貸借の条件、土地又は建物の状況その他一切の事情」を斟酌して借家条件を決定することになります（罹災都市法15条）。

3　拒絶できる場合

　地主が建物優先賃借権の申出を拒絶するには、「正当な事由」が要求されます（罹災都市法14条2項による2条2項・3項準用。Q10を参照）。

Q14 私（B）はAから建物を賃借していましたが、建物が全壊した後、Aから敷金の返還を受けました。この場合でも、私（B）には罹災都市法上の再築建物の優先賃借権が認められますか。

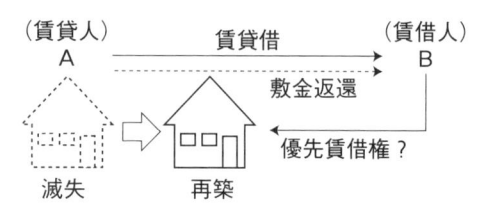

（賃貸人）A ――賃貸借――→（賃借人）B
敷金返還→
滅失 ⇒ 再築
優先賃借権？

A

1　結　論

Bには建物優先賃借権が認められます。

2　問題の所在

震災により建物が全壊した場合、当然に建物賃貸借契約は終了します。

では、賃借人が賃貸人から差し入れていた敷金の返還を受けた場合、以後、賃借人は、罹災都市法の建物優先賃借権（同法14条）を行使することができなくなるのでしょうか。これは、敷地優先賃借権（同法2条）、借地権優先譲受権（同法3条）にも共通する問題です。

3　いかに考えるべきか

(1)　2つの考え方

これについては、①敷金の返還を受ける行為は罹災都市法上の諸権利を放棄する意思表示であって、賃借人は、もはや罹災都市法上の権利を行使することはできなくなると考える立場（否定説）、②敷金の返還は賃貸借契約の終了に伴い当然に行われる金銭的な清算にすぎないから、賃借人は、敷金の返還を受けた後でも、罹災都市法上の諸権

利を行使することができると考える立場（肯定説）があります。

(2) 肯定説が妥当

この点については、㋐建物賃借人の居住利益を保護するという罹災都市法の趣旨からすれば、権利放棄を擬制する処理は不当といわざるをえないこと、㋑条文上も、申出権者に敷金返還に関する限定が存しないこと、㋒罹災都市法上の各種優先賃借権は、従前の賃借権が消滅した場合に法が特別に付与する権利であって、従来の賃貸借契約とは別個のものであることから、上記②の肯定説が妥当と考えます。

判例も、敷地優先賃借権（罹災都市法2条）が問題となった事例において、敷金の返還を受けた賃借人の申出権自体は肯定したうえで、これを拒絶する正当事由（同法2条3項）の存在を認定したものがあり（最判昭54・3・15判時924号52頁）、肯定説に立つものと理解できます。

**Q15** 私（B）がAから賃借していた建物は地震により全壊したのですが、震災後、市街地の再開発により、ビルが再築されました。この場合でも、私（B）は再築ビルについて、罹災都市法上の優先賃借権を主張できますか。

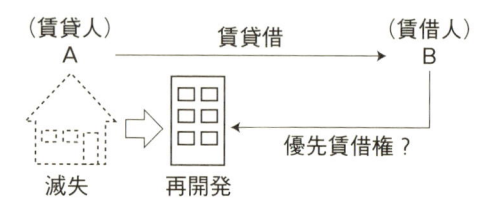

(賃貸人) A ── 賃貸借 → (賃借人) B
← 優先賃借権？
滅失　再開発

**A**

### 1　結　論
Bは、再築ビルについて優先賃借権を行使することができます。

### 2　市街地再開発事業による復興

**(1) 震災復興のための制度**

震災後、都市復興のために、土地区画整理法に基づく区画整理、ならびに都市計画法および都市再開発法に基づく市街地再開発事業が行われることが期待され、東日本大震災の場合も、今後、市街地再開発事業が推進していくと思われます。

**(2) 罹災都市法上の各権利との関係**

罹災都市法には、区画整理や市街地再開発事業が行われた場合の処理について、特に規定がありません。では、市街地再開発事業によって再築されたビルについて、滅失建物の賃借人だった者は、建物優先賃借権を主張できるのでしょうか。

### 3　どのように考えるべきか

この点、①条文上、なんらの制限が課されていないことから、再開発計画が実施された場合においても、優先賃借権の行使を肯定する考

え方（肯定説）、②権利変換計画（都市再開発法72条以下）および管理処分計画（同法118条の2以下）において想定されていない優先賃借権の申出がなされることで、計画全体に混乱を生じ、かえって迅速な復興を妨げると考えると、罹災都市法が想定していない事態であるとして、優先賃借権の行使を否定する考え方（否定説）がありえます。

　施行区域内に従来居住していた賃借人の調査は可能であること、条文上制限がないこと、および賃借人保護の観点から、肯定説が妥当と考えますが、都市再開発法等と調整を図ったうえでの罹災都市法の改正が望まれます。

## Q16 罹災都市法をめぐり紛争が生じた場合の手続について、教えてください。

――――――― A ―――――――

### 1 罹災都市法に定める手続

罹災都市法は15条以下で、紛争処理手続について規定しています。

これによると、罹災都市法2条の敷地優先借地権、同法3条の借地権優先譲受権、および同法14条の建物優先賃借権の、成立または借地（家）条件について当事者間に協議が調わない場合（同法15条）、同一土地または建物について複数人から罹災都市法に基づく賃借の申出がされた場合（同法16条）、および借地（家）条件の是正を行う場合（同法17条）など、罹災都市法の適用をめぐって紛争が生じたときには、借地または借家の所在地を管轄する地方裁判所が、非訟事件手続により、これを解決するものとされています（同法18条）。

### 2 なぜ非訟事件手続によるのか

#### (1) 非訟事件とは

非訟事件とは、民事事件について、裁判所が通常の訴訟手続によらず、簡易迅速に公権的な立場から裁判をする事件をいいます。簡単に説明すると、①権利義務の存在が争われている場合が訴訟事件であるのに対し、②権利義務自体には争いがないものの、それを前提とした法律関係について争いがある場合は非訟となります。

#### (2) 非訟事件手続によるとされた趣旨

そもそも罹災都市法が終戦直後に建てられたバラックの居住を保護するために制定されたとの立法経緯からも明らかですが、罹災都市法に関する裁判は、罹災し困窮している市民の住居に関する裁判であって、できる限り簡易迅速に行うべきです。このような配慮に基づき、比較的審理に時間を要する通常の民事訴訟手続ではなく、非訟事件手

続によって行うべきものとされました。

### 3 専属管轄ではない

上述のように、罹災都市法には、借地または借家の所在地を管轄する地方裁判所が管轄権をもつと規定しています。

もっとも、罹災都市法は専属管轄を定める際に通常用いられる「……裁判所の管轄に専属する」という表現を用いていないので（民事訴訟法6条等参照）、当事者の合意によって別の裁判所に管轄権を生じさせることは当然に可能と考えられます。

### 4 通常の民事訴訟を提起することは可能か

罹災都市法には、所定の紛争について非訟事件手続によるとの定めがありますが、通常の民事訴訟によることは可能でしょうか。民事訴訟手続か非訟事件手続かは、公開・非公開、当事者主義・職権主義、最高裁判所への不服申立ての可否といった複数の点で違いがあるため、問題となります。

この点については、罹災都市法上想定される問題点を紛争の実質によって場合分けして考えるべきです。

すなわち、①本来的に非訟事件であるもの（罹災都市法2条、14条で問題となる相当な借地（家）条件、3条の相当な対価等に関する紛争）については民事訴訟を否定すべきと考えるのが一般的です（ただし、民事訴訟において賃料額を決定した裁判例もあります）。

他方、②本来的には訴訟事件であるもの（敷地優先借地権、借地権優先譲受権、再築建物優先賃借権の成否に関する紛争）については、非訟事件手続のほか、民事訴訟を肯定する考え方が妥当と考えます（ただし、民事訴訟を否定した裁判例もあります）。

### 5 裁判所の判断が下されると、その後争えなくなるか

罹災都市法によると、同法15条〜17条の規定による裁判は、裁判上の和解と同一の効力を有するとされていますから（同法25条）、た

えば、裁判所が同法に基づく賃借権を肯定する裁判をし、これが確定した場合、既判力が生じ、当事者は、同一の問題点について、以後、裁判で争えなくなります。

6　不服がある場合

　罹災都市法によると、同法に基づく裁判に不服がある者は、2週間以内に即時抗告をすべきとされています（同法24条）。本来、非訟事件であれば不服申立ては「抗告」になりますが、これでは不服申立期間に制限がなく、同法の迅速な紛争解決の趣旨に反するため、特に「即時抗告」によるとされたものです。

# 第 2 章

# 借家関係に倒産の与える影響

## 第 1 節

## 賃借人（B）が破産・民事再生した場合、借家関係はどうなるか

**Q17** 私（A）は、私の所有する建物をBに賃貸していますが、①今回の震災の影響があったためか、Bが破産してしまいました。Bの破産には破産管財人としてY弁護士が選任されましたが、私（A）とBとの間の建物の賃貸借契約はどうなりますか。②Bが倒産したものの、法律上の倒産手続に至らなかった場合はどうですか。契約書に「賃借人が倒産した場合は契約を解除できる」旨が記載されている場合はどうですか。

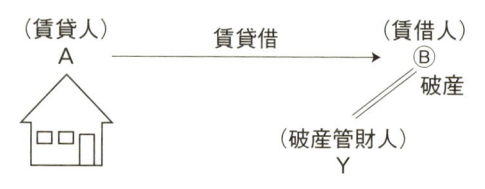

**A**

### 1　①についての結論

Bが破産して破産管財人のYが選任された場合、Yが賃貸借契約を解除するか、または賃料を支払って契約を継続させるかのいずれかを選択することができます。理由などは以下のとおりです。

### 2　賃貸借契約などの双務契約の当事者の一方が破産した場合についての破産法の考え方

(1)　まず、一方の債務が履行ずみで、他方の債務が未履行の場合について、売買契約の場合を例にとって考えてみましょう。

かりに、買主のBが破産した場合について、買主（B）の債務（代

金支払債務）はいまだ履行されていないが、売主（Ａ）の目的物の引渡しは終了していたとします。

その場合は、Ａが、Ｂの破産管財人Ｙに対し、売買代金を請求することになりますが、それは他の債権者と同じく破産債権となります。Ａは、代金ももらっていないのに同時履行の抗弁権を放棄しているのですから、いわば担保をとらずにお金を貸していたのと同様の地位に立つからです。

(2)　以上に対し、双方の債務が未履行の場合はどうなるのでしょうか。「特別の定め」がない場合は、原則どおりに処理することになりますので、たとえば、売主（Ａ）の引渡債務も買主（Ｂ）の債務（代金支払債務）も未履行の場合には、売主（Ａ）は、Ｂの破産管財人（Ｙ）から目的物の引渡しを請求されることになりますが、自分の代金請求権は「破産債権」となってしまいます。この処理は、Ｂのもっている「同時履行の抗弁権」を使えないことにしてしまうので、公平を欠くことになります。

そこで、双方未履行の双務契約の特則（破産法53条１項）を定め、破産管財人（Ｙ）は、①契約を解除して清算するか、または、②Ｂの債務（代金の支払）を履行し、相手方（Ａ）の債務（目的物の引渡し）の履行を求めるか、いずれかを選択しうることとされているのです。

## 3　借家人（賃借人）が倒産する場合について

(1)　まず、賃貸借契約も双務契約です。そして、ＡＢ双方の債務がともに未履行です。なぜならば、賃貸人（Ａ）の債務は目的物を「貸す」（使用収益させる）債務であり、賃借人（Ｂ）の債務は賃料支払債務ですが、Ｂが破産した後の期間については、ＡはいまだＢに使用収益をさせていませんし、Ｂもその分の賃料は未払いと考えられるからです。

⑵　そこで、破産者（B）の管財人（Y）が、契約を解除するか、または、履行（賃料を支払って使用を続ける）のいずれかを選択することになるのです（破産法53条）。Yは、たとえば、Bが会社などであり、高い賃料の負担を早くなくしたいと考えれば解除を選択し、Bが個人であり住居として必要だと考えれば履行を選択することになるのです。

4　②についての結論

　賃借人が倒産したことだけをもって賃貸借契約を解除することができるでしょうか。

⑴　まず、法律上の破産手続が開始されなければ、前述の効果は発生しません。

⑵　また、よく「破産等に類する事態が発生したときは解除し得る」旨を契約書に定めておくのが一般的ですが、賃料がきちんと支払われていれば解除はできません。「建物の賃借人が差押を受けまたは破産宣告の申立を受けたときは賃貸人は直ちに賃貸借契約を解除することができる旨の特約は、旧借家法1条の2により無効である」とされています（最判昭43・11・21民集22巻12号2726頁）。

⑶　ただ、賃借人が倒産状態に陥れば賃料等も支払えなくなるのが通例なのでその場合は債務不履行による解除をすることになります。

## Q18

私（A）は、私の所有する建物をBに賃貸していますが、今回の震災の影響があったためか、賃借人（B）について民事再生が開始されました。

① 私（A）とBとの間の建物の賃貸借はどうなりますか。

② 賃貸借契約書に「賃借人が民事再生となった場合は契約を解除できる」旨が記載されている場合はどうですか。

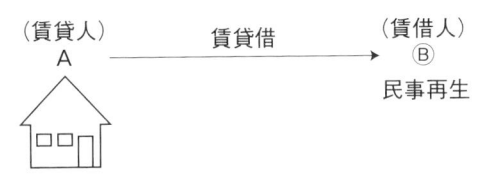

　　　　　（賃貸人）　　賃貸借　　（賃借人）
　　　　　　A　　　　──────→　　B
　　　　　　　　　　　　　　　　　民事再生

## A

### 1　①についての結論

Bに民事再生手続が開始された場合も、破産の場合（Q17参照）と同様に処理されることになります。ただ、民事再生の場合は、原則として再生債務者であるB自身が契約の解除または履行の選択をすることになります。

民事再生手続も破産と同様に倒産処理手続ですから、双方未履行の双務契約の処理については、倒産という事態に一方の当事者が陥った場合の公平な処遇を考慮しなければならないという点に変わりはないからです。

### 2　破産の場合と民事再生の場合との違い

ただし、清算型の倒産手続である破産に対して、企業や個人が経済主体として立ち直ることを目指す再建型の倒産手続である民事再生では、以下に述べるように若干異なる点があります。

まず、契約の相手方の確答催告権が異なります。倒産した当事者であるBの相手方となるAは、Bの側が契約の解除をするのか履行を求

めてくるのかわからないという不安定な地位に置かれています。そこで、相当の期間を定めてその期間内に契約を解除するのか、債務の履行を請求するのか選択するように催告をすることができます。これを確答催告権といいますが、破産の場合はできる限り従前の法律関係は解消（清算）されるべきなので、期間内に破産管財人が確答しないときは、契約は解除されたものとみなされます（破産法53条2項）。

しかし、民事再生の場合には、期間内に再生債務者（B）などから確答がなされないときは解除権を放棄したものとみなされ、契約関係は維持されることになります（民事再生法49条2項。なお、会社更生の場合も同様です）。

### 3　②についての結論

賃貸借契約書に「賃借人が民事再生となった場合には賃貸人は契約を解除しうる」旨が記載してあった場合でも、それだけでは賃貸人は契約を解除できません。

なぜならば、第一に、そもそも、民事再生法にも民法にも「賃借人が民事再生となったときは賃貸人は賃貸借契約を解除しうる」とする規定はありません。第二に、Q17でも解説したように、賃料がきちんと支払われている以上、実質的にも契約を解除させる理由がなく、上記のような記載があっても、借家人に不利な特約として無効とされる可能性があるからです（借地借家法30条）。

## 第 2 節

# 賃貸人（A）が破産・民事再生した場合、借家関係はどうなるか

**Q19** 私（B）は、賃貸人（A）から建物を賃借していますが、賃貸人（A）は今回の震災の影響があったためか破産をしてしまいました。Aの破産には破産管財人としてX弁護士が選任されましたが、①私（B）とAとの間の賃貸借契約はどうなりますか。②私（B）がAに預けている敷金はどうなりますか。

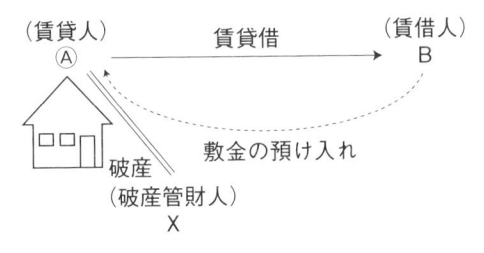

**A**

1　①についての結論

　Aが破産して破産管財人のXが選任された場合、Xが賃貸借契約を解除するか、または契約を継続させて賃料を受け取るかのいずれかを選択することができます（破産法53条1項）。しかし、賃借人であるBが建物の引渡しを受けるなどの対抗要件を備えているときは、同条項は適用されないので、Xは契約を解除することはできません。理由は以下に述べるとおりです。

2　賃貸借契約という双務契約の当事者の一方が破産した場合の考え方

　すなわち、賃貸人（A）の債務（Bに建物を使用収益させる債務）

も、賃借人（B）の債務（賃料支払債務）も、Aの破産のとき以降の分について未履行となっているので、双方未履行の双務契約として、破産管財人Xの選択により、契約の解除か履行が選択されることになります（破産法53条1項）（Q17参照）。

しかし、対抗力を備えた不動産賃借権には、破産法53条1項は適用されないものとされているので（同法56条1項）、賃借人（B）が建物の引渡しや賃借権の登記を受けていれば、破産管財人（X）は賃貸借契約を解除できないこととなります（借地借家法31条）。

なぜならば、動産の賃貸借と異なり、不動産の賃貸借の場合、対抗要件を備えている賃借権は、建物の所有権が第三者に移転しても、その第三者に賃借権を主張できるほど強い権利であるにもかかわらず、賃貸人の破産により、自分が破産したとき以上の不利益（契約の解除）を被らせることは妥当ではないからです。

### 3　②についての結論（敷金の処遇について）

(1)　賃借人（B）が賃貸人（A）に対して敷金を預け入れていることがよくあります。

賃料の2～3カ月分や5～6カ月分という比較的少額の場合もあれば、12～24カ月分（場合により、50～100カ月分）も預託しているような場合もあります。

このような高額な場合を実務では特に「保証金」と呼ぶことがあります。

しかし、名称のいかんによるのではなく、また、高額であってもなくても、賃貸借契約に関連して賃借人が負担する債務（賃料支払債務や建物の明渡し後の原状回復債務など）を担保するために賃借人から賃貸人に預け入れている金銭であれば、すべて、以下に述べるような「敷金」としての性格を有することになります。

(2)　敷金返還請求権については、「賃借人が建物を明け渡した後に

具体的に発生する」というのが判例です（明渡時説）。したがって、現に賃借中はいまだに請求権が具体化していないので、賃借人（B）からの「相殺」はできません。かりに、相殺を主張しても無効となりますので、将来の不履行をおもんぱかって現時点で賃料を支払わないことはできません。支払わないと、賃料不払いになってしまいます。

(3)　結局、賃貸人（A）が破産した場合に賃借人（B）の有している敷金返還請求権は破産債権となり、配当を受けることで満足するしかないことになるのです。

しかし、Bが預け入れている敷金については、将来、わずかな配当しかなされないにもかかわらず、BはAに毎月賃料はきちんと支払わなければならないとするのも、少々、Bにとって酷だと思われます。

(4)　そこで、平成16年の破産法の改正により、「停止条件付債権等を有する者による寄託の請求（破産法70条）」の制度が新設されました。すなわち、敷金返還請求権を有する賃借人（B）が賃料を支払う場合には、その弁済額を寄託するよう請求することを可能とし、Bが敷金返還請求権を現に行使することができるようになった時（明渡し後）に賃料債権を相殺することが認められました（同法70条）。そして、寄託していた賃料の弁済金の分は、不当利得となりますので、寄託金から優先的に回収できることになったのです。

**Q20** 私（B）は、賃貸人（A）から建物を賃借していますが、今回の震災の影響があったためか、賃貸人（A）について民事再生手続が開始されました。
① 私（B）とAとの間の賃貸借契約はどうなりますか。
② 私（B）がAに預けている敷金はどうなりますか。
③ 私（B）から契約を解除することはできますか。

（賃貸人）　　賃貸借　　（賃借人）
　Ａ　　　　──────→　　Ｂ
民事再生　　　　　　　　　　
　　　　　敷金の預け入れ

**A**

1 ①についての結論

　原則として、Aは、賃貸借契約を解除するか、または、履行（契約の継続）を選択することができます（民事再生法49条1項）。

　しかし、あなた（B）が、建物の引渡しを受けるなどの対抗要件を備えているときには、民事再生法49条1項は適用されないので、Aは契約を解除することはできません（同法51条、破産法56条）。

　理由は、以下に述べるとおりです。

2 賃貸借契約という双務契約の当事者の一方が倒産（民事再生）した場合の考え方

　賃貸人（A）の債務（Bに使用収益させる債務）も賃借人（B）の債務（賃料支払債務）も、Aの民事再生手続開始決定以降の分については未履行となっているので、双方未履行の双務契約として、Aの選択により契約の解除か履行が選択されることになります（民事再生法49条1項）（破産の場合と同様です。Q17参照）。

　しかし、対抗力を備えた不動産賃借権には民事再生法49条1項は適

用されないので（同法51条、破産法56条）、賃借人（B）が建物の引渡しや賃借権の登記を受けていれば（借地借家法31条）、Aは賃貸借契約を解除できないことになるからです。

3　②についての結論（敷金の処遇について）

(1)　敷金（保証金）の意義や性格等については、「破産」の場合について述べたQ19の解説を参照してください。

ただ、民事再生手続の場合は、破産の場合と以下の点が異なります。

(2)　民事再生手続の場合、敷金返還請求権は「民事再生債権」となりますが、賃借人（B）が弁済期にある賃料を弁済したときは、民事再生手続開始のときにおける賃料の6カ月分に相当する額を限度として、その弁済額の範囲で「共益債権」（民事再生法121条）とされます（同法92条3項）。

「共益債権」は、「再生債権」に優先して、しかも再生手続によらずに、本来の弁済期に弁済されることになります。

民事再生は、破産（清算型手続）と異なり再建型手続なので、迅速に企業や個人という経済主体の立直りを目指さなければなりませんので、㈠破産のときのように建物の明渡し後まで待ってから処理をするのではなく、かつ、㈡一律に6カ月分を優先弁済をするとの処理をするのです。

4　②についての結論

次に、賃貸人（A）に民事再生手続が開始されたというだけでは、賃借人（B）から賃貸借契約を解除することはできません。

なぜならば、民事再生法や民法に「賃貸人が民事再生となった場合には賃借人は賃貸借契約を解除しうる」とする規定はないからです。

ただし、賃貸借契約書のなかに、「3〜6カ月前に予告することにより賃借人は契約期間中といえども契約を解除しうる」旨の規定（こ

れを「賃借人からの中途解約の特約」といいます）がある場合には、その特約に従って解除することができます。

# 第 3 章

# サブリース契約についての基本的理解

**Q21** サブリース契約とはどういう内容のもので、何を目的に締結されるのですか。

サブリース契約においては賃貸人（A）と賃借人（B）との間で目的建物について転借人（C）がいない（空室）場合でも一定額の賃料を保証すると聞きましたが、賃料が減額されることはないのですか。

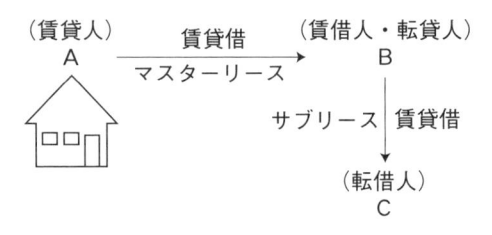

```
（賃貸人）      賃貸借      （賃借人・転貸人）
   A    ──────────────→      B
         マスターリース
                        サブリース │ 賃貸借
                                   ↓
                               （転借人）
                                   C
```

**A**

## 1　サブリース契約の意義

(1)　サブリース契約とは、以下に述べるような、おもに建物の転貸借関係のことを指します。

すなわち、たとえば、家主のAが、サブリース事業を行う企業等のBに対して、Aの所有するアパート一棟（たとえば全6室）を賃貸し、Bが実際にアパートに居住するC1～C6に各部屋を転貸する形態です。

AB間の賃貸借契約のことをマスターリース契約と呼び、BC間の転貸借契約のことをサブリース契約と呼ぶことが実務では一般的です。そして、このようなA、B、C全体の関係のことをサブリース契約（関係）などと呼ぶのです。

(2)　AB間の契約も、BC間の契約も、基本的にはいずれも賃貸借契約（民法601条以下）であり、特にBC間の契約のことを転貸借契約と呼びますが、契約の性質としては同じものです。そしてサブリース契約（関係）とは、その賃貸借契約に特約として、後述の賃料の保証

などの付随的約款が加わっているのです。なお、賃貸借契約には、借地借家法26条以下の正当事由がなければ家主が更新拒絶ができないもの（「普通借家権」といいます）と、そうではなく期間が満了すれば契約が終了するもの（「定期借家権」といいます。同法38条）とがあります。

(3) ところで、BはAから借りている建物を、Aに無断で第三者に貸すと、Aから賃貸借契約を解除されるおそれがあります（民法612条）。そこで、サブリース契約と呼ばれる場合は、以下に述べるような目的のもとに行われるのですから、あらかじめAはBのCへの転貸を承諾するという手法がとられています。

(4) また、アパートの1室でもサブリース契約は成り立つのですが、以下に述べる目的のもとに、アパート一棟をAがBに貸す方式が多くとられることとなります。

## 2　サブリース契約の目的と特徴

　サブリース契約は、以下に述べるような、A、B、Cの希望に沿うものとして導入されるのが一般的です。

(1) まずAにとっては、アパート経営はやりたいものの賃料の集金や建物の維持・管理などの面倒なことはあまりやりたくありません。さらに、空室が生じることも困りますし、賃借人の募集を行う宣伝活動も大変です。そこで、多少賃料が減ってもよいから、誰かにアパートの経営・管理をかわってやってもらいたいし、特に空室が生じた場合の「保証（空室がないものとして一定の賃料収入を得ること）」が欲しいと考えます。特に、アパートを建てる資金を銀行から借りていて毎月一定額を返済するような場合には、上記「保証」は有効です。

(2) Bにとっては、Cからもらう転貸賃料と、Aに支払う賃料との差額が収入となりますから、そのかわりに、Aに対し、空室が生じた場合の「保証」をすることも可能となります。

(3)　Cにとっては、AからでもBからでも建物を借りることに変わりはありませんし、個人の家主であるAから借りるより、企業のBから借りるほうが建物の維持・管理等のサービス内容の充実が期待できますし、気が楽かもしれません。

　(4)　以上のようなA、B、C三者の思惑が一致してサブリース契約が行われることとなります。そこで、サブリース契約（関係）の特徴は、①AがBに対し建物を貸す際、あらかじめ、BからCへの転貸を承諾すること、②Bは、Cからの転貸賃料とAへの賃料との差額を利益として取得すること、③そのかわり、BはAに対し、空室等があっても一定額の賃料を保証すること、④アパートなどの一棟貸しのケースが多いこと、⑤Bがサブリース関係から離脱する場合（たとえばサブリース事業から撤退する等）には、契約関係は直接ＡＣ間の関係として存続することが定められるのが一般的であること等があげられます。

　(5)　ところで、もっぱら建物の管理のためにサブリースの形式をとることが見受けられます。すなわち、本来は管理業務を行うBとの間で、管理委託契約ではなく、マスターリース契約をAが結び、BとCの間でサブリース契約を結ぶことにより、Bに建物の管理と賃料の収受などを行わせるというケースです（Cからの転貸借料をBはAに支払う反面、BはAから管理料を受け取ることが行われているようです）。

　しかし、目的・動機はともかく、形式としてサブリース契約（賃貸借契約）とした場合は、本書で述べるサブリース契約としての規律を受けることになりますので、注意してください。単に管理を委託するにすぎない場合は、管理委託契約を結ぶべきです。

## 3　賃料保証について

　(1)　前述したように、サブリース契約では、空室等があったり、Cから賃料の減額請求を受けるなどして、BがCからの転貸賃料が減少

しても、ＢがＡに支払う賃料は減額されない旨の「保証」をしているケースが多いものと思われます。

　それでは、この保証された賃料は減額されることはないのでしょうか。

⑵　まず、ＡＢ間のマスターリース契約が定期借家契約であった場合には、賃料増減額請求権を排除する旨の特約が有効ですので（借地借家法38条7項）、ＡＢ間の賃料を一定額とし、期間中は増減しないなどの定めをしておけば、Ｂは減額請求をできないことになります。

⑶　次に、ＡＢ間のマスターリース契約が普通借家契約であった場合ですが、第一に、Ａがアパートの建築資金を借りた銀行への返済のために、毎月必ず一定額の賃料をＢが支払う旨の特約（保証特約）をしていたとしても、その後、経済事情が変動した場合には、Ｂからの賃料減額請求は可能と判断されています。第二に、減額請求をされた場合に、その当否や相当賃料額を決定するにあたっては、賃料額が決定されるに至った経緯や、Ｂの転貸事業における収支予測や、Ａの建築資金の返済の予定等の諸般の事情を総合的に考慮するべきものとされています（最判平15・10・21民集57巻9号1213頁など）。

# 第 4 章

## サブリース関係に震災の与える影響

# 第 1 節

# 賃料額固定制のケーススタディ

◇ケーススタディ◇

　当社（B）は、現在、オーナー（A）と、東北のX市にあるA所有の建物（3階建て、1階ごとに2部屋計6部屋の建物で名称は「メゾン甲」といいます。以下、単に「メゾン甲」といいます）をAから一括して借り受け、メゾン甲の6部屋を第三者に転貸するというマスターリース契約を締結しています。このマスターリース契約では、空室の有無にかかわらず、当社がオーナー（A）に月額30万円を支払うことになっています。現在、当社（B）は、メゾン甲の1階部分の1室をCに、2階部分をD、Eに各1部屋ずつ、3階部分の1部屋をFに転貸するというサブリース契約を締結しています。

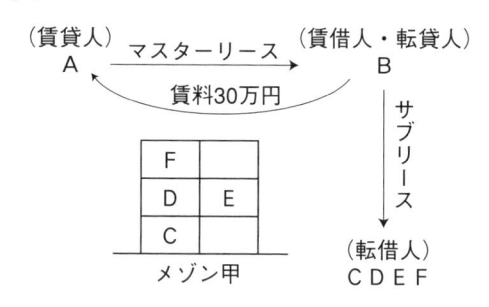

```
（賃貸人）   マスターリース   （賃借人・転貸人）
  A    ─────────→    B
         賃料30万円              │
                                サ
   ┌───┬───┐              ブ
   │ F │   │              リ
   ├───┼───┤              ー
   │ D │ E │              ス
   ├───┼───┤              │
   │ C │   │              ↓
   └───┴───┘         （転借人）
      メゾン甲            C D E F
```

# 第1 建物が全壊した場合

**Q22** メゾン甲が震度7の地震により全壊し、その復旧は到底望めない状態となっている場合について、当社（B）とオーナー（A）のマスターリース契約はどうなりますか。また、当社（B）はオーナー（A）に対し家賃30万円を支払う必要がありますか。

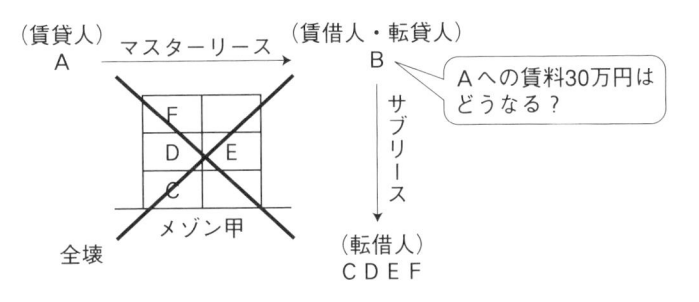

（賃貸人）A ──マスターリース──→ B（賃借人・転貸人）

Aへの賃料30万円はどうなる？

メゾン甲　全壊

B ↓サブリース （転借人）CDEF

---

## A

### 1 結論

まず、BとAのマスターリース契約は当然に終了することになります。

また、BはAに対して家賃30万円を支払う必要はありません。

### 2 理由

#### (1) マスターリース契約について

本件のマスターリース契約は、基本的には、AがBに所有建物を賃貸し、Bがその対価として賃料を支払うものですから、本件マスターリース契約は、（その基本部分は）建物の賃貸借契約であるといえます（詳しくは、Q21を参照）。

#### (2) マスターリース契約が当然終了する理由

賃貸物件メゾン甲が震度7の地震によって全壊し、復旧が到底望め

ない状態（不可能な状態）となった場合、それは、賃貸借契約目的物件が滅失したのですから、賃貸借契約は永久的に履行不能となります。

そして、判例によれば、賃貸借の目的物たる建物が朽廃して（永久的に）その効用を失った場合には、目的物滅失の場合と同様に賃貸借の趣旨は達成されなくなるから、これによって賃貸借契約は当然に終了するとされています。

それゆえ、本問でも、建物の賃貸借契約を基本とするマスターリース契約は当然に終了することになります。

(3) **家賃30万円を支払う必要がない理由**

本問においてBがAに支払うことになっている家賃30万円とは、AB間のマスターリース契約に基づいて支払われるものです。そうだとすると、このマスターリース契約が終了してしまえば、BはAに対して家賃30万円を支払う必要はなくなります。

さて、本問では、上記2(2)で述べたように、本問のマスターリース契約は震度7の地震による全壊によって当然に終了します。

そのため、マスターリース契約に基づいてBがAに支払うことになっている家賃30万円を支払う必要が当然になくなることになります。

(4) **「滅失」したと認定される基準について**

ところで、往々にして問題となるのは、どのような場合に賃貸物件の（永久的な）「滅失」があったと認めることができるかです。全部滅失となれば賃貸借契約は終了するが、そうともいえない場合には存続するので、永久的な滅失があったかどうかは非常に重要な問題になります。本問にあるように、建物が全壊している場合が「滅失」に当たることは問題がありません。

しかし、建物の一部が残存し、なお従来の賃貸借の目的のために使われている場合には、何を基準として、建物の滅失があったと認める

べきでしょうか。

　判例は、滅失と認められるためには賃貸借の目的となっている主要な部分が滅失して、全体としての効用を失い、賃貸借の趣旨が達成されない程度に達している場合であり、その判断については、滅失した部分の修復が通常の費用では不可能と認められることが必要であるとします。

　この「滅失」の判断にあたっては、たしかに、上記のように「滅失した部分の修復が通常の費用では不可能」かどうかという費用の観点も加味されます。

　しかし、もっぱらこのような経済的要素のみから「滅失」と判断されることはなく、重要なことは、物理的効用の喪失の有無です。この物理的効用喪失を基本として、付随的な要素として、修復工事にかかる費用などの経済的側面が考慮されることになるのです。この判例の基準をふまえ、本当に賃貸物件が滅失し、賃貸借契約が当然に終了したといえるのかを判断するべきでしょう（詳しくは、Ｑ１を参照）。

**Q23** ［Q22を前提として］
当社（B）と転借人であるC、D、E、Fとの賃貸借契約（サブリース契約）はどうなりますか。

当社（B）はC、D、E、Fから転貸賃料を取得することができますか。

かりに、当社（B）で賃料が取得できないことがあるとすれば、いつからの賃料を取得できなくなりますか。地震があった日の分の賃料を取得することができますか。

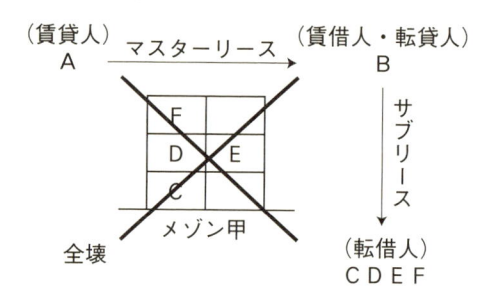

```
（賃貸人）    マスターリース    （賃借人・転貸人）
  A       ───────────→      B
                                │
      ┌─F─┐                    │サブリース
      │D│E│                    │
      └─C─┘                    ↓
全壊    メゾン甲           （転借人）
                           C D E F
```

── A ──

## 1 結　論

① BとC、D、E、F間のサブリース契約は当然に終了します。

② Bは、C、D、E、Fから転貸賃料を取得することはできません。

③ BがC、D、E、Fから転貸賃料を取得できなくなるのは、地震があった日からです。

## 2 理　由

### (1) サブリース契約について

サブリース契約とは、どのような契約なのでしょうか。

Q22のマスターリース契約と同様に、基本的にはBと入居者であるC、D、E、Fとの間の建物の賃貸借契約であるというべきです。

つまり、サブリース契約とは、建物の賃貸借契約を基本として、その他もろもろの特約が付随的に締結されていると考えるべきです。それゆえ、本問のサブリース契約では、Bが賃貸人、C、D、E、Fが賃借人ということになります（詳しくは、Q21を参照）。

(2) **サブリース契約が当然に終了する理由について**

では、本問のサブリース契約はどうなってしまうのでしょうか。

サブリース契約とは、要するに、建物の賃貸借契約のことです。

そうしますと、Q22で述べたように、賃貸物件メゾン甲が震度7の地震によって全壊し、復旧が到底望めない状態（不可能な状態）となったのですから、それは、賃貸借契約目的物件が滅失したといえ、賃貸借契約は永久的に履行不能となります。

そして、判例によれば、賃貸借の目的物たる建物が朽廃して（永久的に）その効用を失った場合には、目的物滅失の場合と同様に賃貸借の趣旨は達成されなくなるから、これによって賃貸借契約は当然に終了するとされています。

それゆえ、本問でも、建物の賃貸借契約を基本とするサブリース契約も当然に終了することになるのです。

(3) **Bが転貸賃料を取得できない理由**

本問においてC、D、E、FがBに支払うことになっている賃料とは、BとC、D、E、F間の各サブリース契約に基づいて支払われるものです。そうだとすると、これらのサブリース契約が終了してしまえば、C、D、E、FはBに対して賃料を支払う必要はなくなります。

本問では、本問のサブリース契約は震度7の地震による全壊によって当然に終了します。そのため、サブリース契約に基づいてC、D、E、FがBに支払うことになっている賃料を支払う必要が当然になくなることになります。

## (4) 地震のあった日の転貸賃料を取得できない理由

では、賃料をＣ、Ｄ、Ｅ、Ｆが支払う必要がなくなったとしても、いつの日から支払う必要がなくなるのでしょうか。

まず、サブリース契約が終了するのは、メゾン甲が地震によって全壊したその時点です。その瞬間に終了します。そうしますと、地震の翌日からの賃料をＢは取得できないことは明らかですが、では、地震当日の賃料を取得できるのでしょうか。

民法89条2項によれば、賃料は日割計算によるとされています。そうすると、その日が終了しないと賃料は取得できないのです。したがって、地震当日の賃料はその日が終わるまで賃貸借契約が存続していないと取得できないことになりますから、地震による全壊の瞬間に賃貸借契約が終了する本問では、地震当日分の賃料を取得することはできなくなります。

## 第2 建物が半壊等した場合

**Q24** メゾン甲およびその各部屋が震度7の被害を受けたものの、全壊ではなく、入居者の一時的な引っ越しを伴う工事をすれば復旧可能な場合について、当社（B）とオーナー（A）のマスターリース契約はどうなりますか。また、当社（B）はオーナー（A）に対し家賃30万円全額を支払う必要がありますか。

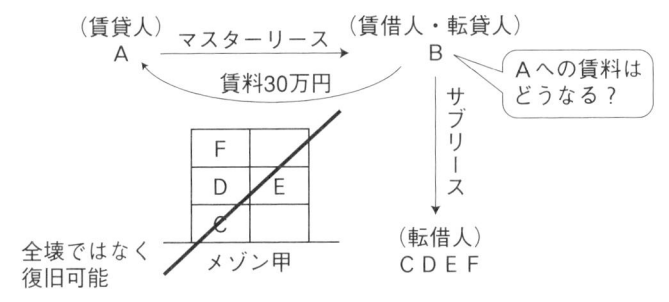

（賃貸人）　マスターリース　（賃借人・転貸人）
A ←――――――――→ B　　Aへの賃料はどうなる？
　　賃料30万円　　　　　↓サブリース
　　　　　　　　　　　（転借人）
全壊ではなく　メゾン甲　CDEF
復旧可能

**A**

### 1　結　論
① BとAのマスターリース契約は終了せず、存続します。
② BはAに対して原則として家賃30万円を支払う必要があります。しかし、Bが賃料減額請求をすれば一定限度の減額をすることができ、その減額分については支払う必要がありません。

### 2　理　由
(1) マスターリース契約への影響

本問は、前の2つの問題（Q22、23）と異なり、メゾン甲が復旧不可能なレベルにまで全壊した場合ではなく、震度7の被害を受けたものの、入居者の一時的な引っ越しを伴う工事をすれば修復が可能な程

度の被害であったという事例です。

では、本問の場合、マスターリース契約はどうなるのでしょうか。

Q22で述べましたように、マスターリース契約の基本は賃貸借契約であり、賃貸借契約は、その目的物が滅失した場合に当然に終了します。

本問では、メゾン甲は入居者の一時的な引っ越しを伴う工事をすれば修復が可能ということでした。さて、この程度の被害で「滅失」といえるでしょうか。

「滅失」といえるかは、賃貸借の目的となっている主要な部分が滅失して、全体としての効用を失い、賃貸借の趣旨が達成されない程度に達している場合であり、その判断については、滅失した部分の修復が通常の費用では不可能と認められるかどうかを検討するというのが判例です（詳しくは、Q1を参照）。

本問では、一時的な引っ越しを伴う工事をすれば足りるのですから、全体としての効用を失ったとまではいえないと思われます。

そのため、本問では「滅失」したとはいえないといえます。そうしますと、賃貸借契約は当然に終了しないこととなりますから、マスターリース契約は終了せず、存続するということになるのです。

(2) BからAに家賃30万円を支払う必要があるか

a 家賃を支払う必要性

では、BはAに家賃30万円を支払う必要はあるでしょうか。

BはAに対してマスターリース契約に基づいて賃料を支払うのですから、本問のようにマスターリース契約が存続している以上、BはAに家賃を支払わねばなりません。

b 全額を支払う必要があるか

問題は、全額を支払う必要があるかどうかです。

(a) 本質論

この問題は、賃貸借契約において「なぜ賃借人は賃料を賃貸人に支払わねばならないか」という点にさかのぼって考えるべきでしょう。

　その答えは、賃貸人の使用収益義務（民法601条）に求められます。賃貸人の使用収益義務とは、賃貸目的物を賃借人に引き渡したうえ、賃借人が賃貸目的物を使用収益できるのに適した状態に置くことをいいます。

　本問では、震度7の地震によってメゾン甲が「入居者の一時的な引っ越しを伴う工事」が必要な程度に損壊したというのですから、その限度では、メゾン甲をBが使用収益するのに適した状態に置かれていないことになります。

　そうだとすると、その使用収益できない限度では賃料を免れるということになります。それゆえ、本問では、Aがメゾン甲を修理するまでは、Bが使用収益できない限度で、Bは家賃の一部を免れることになりそうです。

　(b)　判　　例

　ところが、過去の大審院（大判大5・5・22）の判例をふまえると、このような場合、当然に賃料減額がなされるわけではないと考えられます。つまり、この大審院の判決からすると賃貸目的物の一部について使用収益できない状態の理由が賃貸借契約の当事者に原因がない場合には、賃借人は賃貸人に対して賃料減額請求をしてはじめて賃料の減額がされると考えられるのです（なお、他の考え方についてはQ1参照）。

　Q1で述べたように、当然に減額するという考え方もありますが、ここではひとまずこの減額請求をして初めて減額がなされるという考え方を前提にします。

　本問は、地震というAB双方に責任のない自然現象によってメゾン甲が損壊したのですから、まさに「賃貸目的物の一部について使用収

益できない状態」が契約当事者ＡＢに原因なくして発生した場合です。

　それゆえ、ＢからＡに対して、「メゾン甲が損壊して使用収益できなくなった限度で賃料減額しろ」という請求をしてはじめて賃料減額がなされることになるのです。

　ｃ　減額される額

　では、本問でＢからＡに減額請求がなされた場合、どの程度の減額がなされるでしょうか。

　この問題については、やはりＢが使用収益できない限度ということになります。

　では具体的にはどの程度なのでしょうか。

　本問においてＡＢが締結しているのはマスターリース契約です。マスターリース契約とは、賃貸物件を第三者に転貸することを当然の前提としている契約です。そのため、Ｂの使用収益とは、当該賃貸物件を第三者に転貸し、その転貸賃料を受け取ることにあるといえます。

　そうであるとすれば、Ｂが転借人であるＣ、Ｄ、Ｅ、Ｆから賃料を受けることができない限度で、ＢはＡに対して賃料減額請求ができるのではないかと思われます。そうなってくると、問題は、Ｃ、Ｄ、Ｅ、Ｆから賃料を取得できない程度とはどの程度なのかということですが、この点については、後述Ｑ25を参照してください。

　ｄ　以上から、ＢはＡに対して家賃を支払う必要があり、賃料減額請求をするまでは家賃30万円を支払う必要があるといえます。

## Q25

［Q24のメゾン甲およびその各部屋が震度7の被害を受けたものの、全壊ではなく、入居者の一時的な引っ越しを伴う工事をすれば復旧可能な場合をふまえて］

当社（B）と転借人（C、D、E、F）との賃貸借契約（サブリース契約）はどうなりますか。

また、C、D、E、Fの賃料はどうなりますか。①メゾン甲の修理のためにC、D、E、Fが他の建物に移動する前、②建物の修理中、③修理が完了し、C、D、E、Fが戻ってきた後、の3つの場合について教えてください。

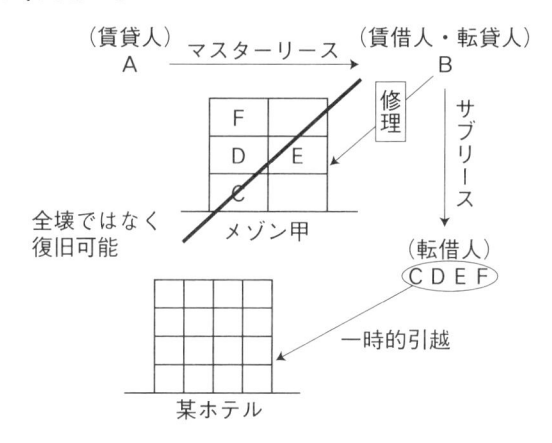

```
(賃貸人)              (賃借人・転貸人)
  A   ──マスターリース──  B
          ┌─┬─┐        │
          │F│ │  修理   │サ
          ├─┼─┤        │ブ
          │D│E│        │リ
          ├─┼─┤        │ー
          │C│ │        │ス
          └─┴─┘        │
   全壊ではなく             │
   復旧可能   メゾン甲       ▼
                         (転借人)
                         C D E F
          ┌─┬─┬─┬─┐
          │ │ │ │ │  ←一時的引越
          ├─┼─┼─┼─┤
          │ │ │ │ │
          └─┴─┴─┴─┘
             某ホテル
```

---

### A

### 1　結　論

(1) C、D、E、Fとのサブリース契約は存続します。

(2) **C、D、E、Fからの賃料について**

まず、C、D、E、Fは賃料減額請求をしてはじめて賃料は減額されます。そのうえで、①メゾン甲の修理のためにC、D、E、Fが他の建物に移動する前であれば、C、D、E、Fがメゾン甲の各居室を利用できない限度で減額されます。②建物の修理中については、賃料

全額を支払う必要がありません。③修理が完了し、C、D、E、Fがメゾン甲に戻ってきた後については、通常どおりの賃料を支払う必要が生じます。

2　理　　由
　(1)　C、D、E、Fとのサブリース契約について
a　サブリース契約とは
　サブリース契約とは、どのような契約なのでしょうか。Q24でも述べましたように、近時の判例を前提とする限り、基本的にはBと入居者であるC、D、E、Fとの建物の賃貸借契約です。
　つまり、サブリース契約とは、建物の賃貸借契約を基本として、その他もろもろの特約が付随的に締結されていると考えるべきです。それゆえ、本問のサブリース契約では、Bが賃貸人、C、D、E、Fが賃借人ということになります。
b　サブリース契約への影響
　サブリース契約も基本的には賃貸借契約なのですから、前のQでも述べてきたように、賃貸目的物が「滅失」した場合に当然終了となります。
　本問では、メゾン甲は全壊したわけではなく、一時的な引っ越しを伴う工事をすれば復旧が可能というわけですから、判例に照らして考えると（Q22参照）、賃貸借の目的となっている主要な部分が滅失して、全体としての効用を失ったとまではいえないと思われます。
　したがって、本問ではメゾン甲は滅失しておらず、賃貸借契約は存続するといえ、BとC、D、E、F間のサブリース契約は存続することになります。
　(2)　C、D、E、Fからの賃料について
a　本問①「①メゾン甲の修理のためにC、D、E、Fが他の建物に
　　移動する前」の賃料

この場合において、C、D、E、Fは賃料を支払う必要があるでしょうか。

　Q24で述べたように、大審院の判決をふまえると賃借人は賃貸目的物の使用収益ができない限度で賃料の支払義務を免れますが、当然に免れるというわけではなく、賃料減額請求をする必要があると考えられます（民法611条）。

　本問では、C、D、E、Fはメゾン甲の修理にあたって一時的な引っ越しを伴う工事が必要とのことですから、その工事が要する限度でメゾン甲を使用収益できていないことになります。それゆえ、その限度について減額請求をBに対してすれば、賃料は減額されることになります。

　問題はその減額される程度ですが、結局、この問題は決まった算定方法があるわけではなく、その事案ごとに、一つひとつ検討していくほかないように思われます。

b　本問②「②建物の修理中」の場合の賃料について

　(a)　建物の修理中ということは、C、D、E、Fはメゾン甲から一時的にせよ立ち退いているわけです。それゆえ、C、D、E、Fはメゾン甲を建物の修理中、まったく使用収益できないのですから、その期間分の賃料を支払う必要はありません。

　前述したaと違う点は、aがメゾン甲の一部の損壊のためにその損壊分という一部が使用できないというものであったのに対し、bは立退きによって、その期間、メゾン甲の全部が使用できないという点です。

　このような違いがあるために、C、D、E、Fは賃料を全額免れることになり、これにあたっては減額請求をする必要がありません。

　(b)　ところで、C、D、E、Fは、「Bの修理は不要だから、メゾン甲で生活を続けたい」と主張して、修理を拒むことも十分に考えら

れます。

　しかし、民法606条2項によれば、賃借人は賃貸目的物の保存に必要な行為を賃貸人がすることを拒否できないとされています。そして、地震による損壊部分を修理することは、賃貸人が賃貸目的物の保存に必要な行為といえるでしょう。

　それゆえ、C、D、E、FはBによる修理を拒むことはできず、立ち退かざるをえないのです。

　ただし、その分、修理中の賃料の支払を免れることができるという点で均衡が保たれているということができるでしょう。

c　本問③「③修理が完了し、C、D、E、Fが戻ってきた後」

　この場合には、すでにメゾン甲も修繕され、メゾン甲は本問の震度7の地震の罹災前の状態に戻ったときです。

　そのため、C、D、E、Fもメゾン甲を通常どおりに使用収益できるのですから、賃料の減額はありませんし、賃料減額請求をしても、減額されることはありません。

　したがいまして、この場合には、C、D、E、Fは本来どおりの賃料を支払う必要があります。

**Q26** 前述（Q25）のサブリース契約が定期借家契約であり、特約（「何があっても賃貸人は賃料を減額しない」との合意）で借地借家法32条の賃料減額請求権が排除されている場合であればどうなりますか。

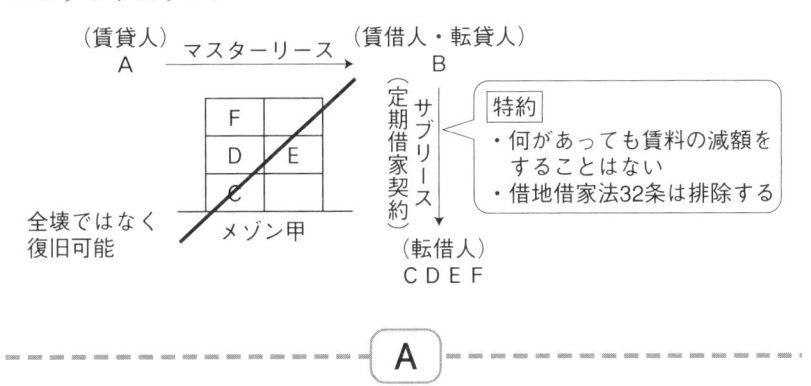

---

**A**

## 1 結論

定期借家契約の場合であっても、C、D、E、Fは使用収益できない限度で賃料減額請求をすることができます。

## 2 理由

### (1) 定期借家契約と借地借家法32条の賃料減額請求権

サブリース契約では借地借家法32条の賃料減額請求権が排除されていることがあります。これは、サブリース契約には定期借家契約が用いられることが多く、定期借家契約においては、通常の借家契約と異なり同法38条7項によって同法32条の賃料減額請求権を排除できるものとされているからです。なお、通常の借家契約の場合には、賃料の増減についてどのような特約をしても有効というわけではなく、その特約が合理的なもので、それに基づいて算出された額が同法32条で理念的に定められている相当な額の範囲内であれば、その限りで有効とされています。

(2) 本問の場合

では、本問の定期借家の場合でも、賃料減額請求権をC、D、E、Fは行使できないのでしょうか。

そのようなことはありません。なぜなら、借地借家法32条の賃料減額請求権と使用収益できないことによる賃料減額請求（民法611条）とは性質が異なるためです。

前者は、おもに、経済事情の変動等で賃料が不相当となった場合に行使されるもので、借地借家法32条に基づくものです。他方、後者は、使用収益できない限度で賃料を減少させる場合に行使されるもので、大審院の判決をふまえると、民法611条の類推適用に基づくと考えられるものです。このように両者はまったく異なるものですから、借地借家法32条の賃料減額請求権が特約によって排除されていても、使用収益できない限度での賃料減額請求権はなお行使が可能であると思われます。

**Q27** ［Q24のメゾン甲およびその各部屋が震度7の被害を受けたものの、全壊ではなく、入居者の一時的な引っ越しを伴う工事をすれば復旧可能な場合をふまえて］

転借人（C、D、F）が当社（B）に対して、メゾン甲およびその各部屋の修理を求めてきました。当社（B）としては、この修理はオーナー（A）が行うべきであると考えております。そのことを理由に、C、D、Fからの修理の要求を拒否することはできますか。

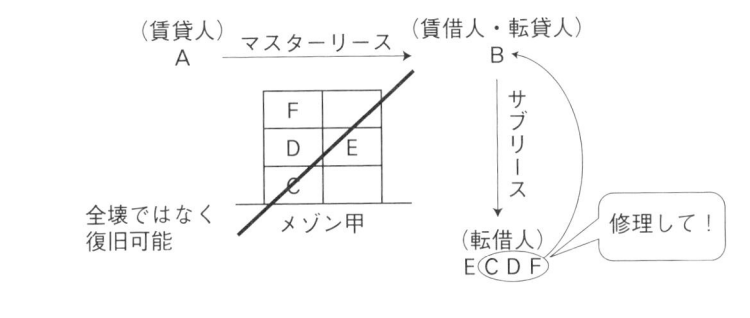

（賃貸人）　マスターリース　（賃借人・転貸人）
A　────────→　B
　　┌───┬───┐　　↓サブリース
　　│ F │　 │　　↓
　　├─┬─┤ E │
　　│D│　│ 　│
　　├─┼─┴───┤　（転借人）　修理して！
全壊ではなく　│C│　　　　　E C D F
復旧可能　　　└─┘　メゾン甲

**A**

## 1　結　論
拒否することはできません。

## 2　理　由
### (1)　Bの気持ち

Bとしては、C、D、E、Fとサブリース契約を締結しているとはいえ、Aとマスターリース契約を締結しているのですから、AがC、D、E、Fとの関係でも修繕義務を負うべきと考えるでしょう。

それゆえ、本問において、「Aが修理を行うべきだから、Aにいってほしい」というのがBの率直な気持ちだと思われます。

### (2)　BとC、D、E、Fとの関係

しかし、法律上はそのようになりません。民法606条1項は「賃貸人は、賃貸物の使用及び収益に必要な修繕をする義務を負う」と規定

しております。

　サブリース契約とは、すでに述べましたように、建物の賃貸借契約を基本として、その他もろもろの特約が付随的に締結されていると考えるべき契約です。それゆえ、C、D、E、Fとの関係では、Bが賃貸人ということになります。

　したがいまして、C、D、E、Fとの関係では、Bが修繕義務を負うことになります。そのため、本問のように、C、D、FがBに対して修理を求めてきた場合には、Bはその修理をしなければなりません。なお、C、D、E、Fは、修繕が必要であることをAに通知しなければなりません（民法615条）。

**Q28**
[Q24のメゾン甲およびその各部屋が震度7の被害を受けたものの、全壊ではなく、入居者の一時的な引っ越しを伴う工事をすれば復旧可能な場合をふまえて]

結局、当社（B）がメゾン甲を修理することになりました。この建物を修理するにあたって、C、D、E、Fには一時的に他の建物に移転してもらいたいと考えております。ところが、Eは修理や移転を拒んでおります。当社（B）は、Eの拒絶にもかかわらず、部屋に立ち入って修理をすることができますか。

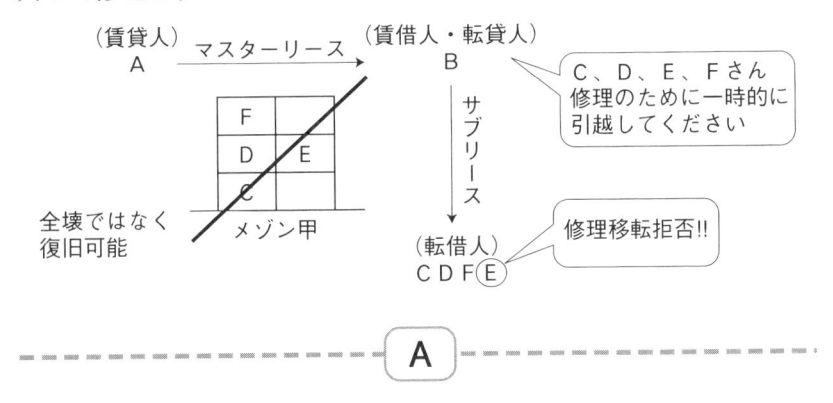

（賃貸人）　マスターリース　（賃借人・転貸人）
A　→　B

C、D、E、Fさん修理のために一時的に引越してください

F
D　E
C
メゾン甲
全壊ではなく復旧可能

↓サブリース

（転借人）
C D F Ⓔ

修理移転拒否!!

――― **A** ―――

## 1　結　論

Eの拒絶にかかわらず、部屋に立ち入って修理することができます。

## 2　理　由

**(1)　部屋に立ち入ることができる根拠**

本問では、「入居者の一時的な引っ越しを伴う工事」が必要なほどメゾン甲が損壊しています。それゆえ、相当程度大がかりな修理が必要な事案であると考えることができます。

では、その修理にあたって、賃貸人であるBは、賃借人であるC、D、E、Fに一時的に他の建物に移転してもらったうえ、その各居室に立ち入ってメゾン甲の修理を行うことはできるでしょうか。

第4章　サブリース関係に震災の与える影響　91

民法606条2項は「賃貸人が賃貸物の保存に必要な行為をしようとするときは、賃借人は、これを拒むことができない」と規定しています。

　つまり、賃貸目的物の保存に必要な行為をするためであれば、その保存に必要な行為を賃借人は拒むことができないということです（これを「賃借人の受忍義務」といいます）。

　本問のメゾン甲の損壊の程度は、上述のように、「入居者の一時的な引っ越しを伴う工事」が必要となるほどのものです。

　その工事というのは、メゾン甲を通常の使用に戻すためには必要なものですから、メゾン甲の保存に必要な行為であるといえます。

　そして、その工事にあたって、C、D、E、Fの引っ越しおよび各居室への立入りが必要なのであれば、Bは民法606条2項に基づいてその引っ越しおよび居室へ立ち入ることを求めることができますし、C、D、E、Fは拒否することができません。

　したがって、Eは、メゾン甲の修理をするにあたって、一時的に引っ越しをすることおよびBの立入りを拒むことはできないことになります。そして、このBからの求めにEが従わない場合、それは、受忍義務違反ですから、債務不履行に基づく賃貸借契約の解除原因となります

(2) 限　　界

　では、この建物の被害がわずかで、入居者が居住しているままで修理できる場合にも、C、D、E、Fに一時的な引っ越しを求めることができるでしょうか。

　そのような請求はできません。

　民法606条2項は、上述のように、賃借人に受忍義務を課して賃借人の権利を制限しているものですが、賃借人の権利への制限はできる限り最低限度にするべきです。それゆえ、保存に必要な行為として賃

借人の受忍が許容されるためには、相当なものである必要があると思われます。

　つまり、賃貸目的物を保存する行為として必要性のある行為であるとしても、過剰なものであってはならないという意味で「相当性」を備えていなければならないのです。

　メゾン甲を元の状態に戻すには、C、D、E、Fが引っ越しをしなくても修理が可能であるにもかかわらず、C、D、E、Fに引っ越しを求めるということは、Bの過剰な要求であるといえ、相当性を欠くものであると考えられます。

　したがって、メゾン甲の被害がわずかで、入居者の居住のままで修理できる場合には、C、D、E、Fに一時的な引っ越しを求めることはできません。この場合であれば、Eは一時的な引っ越しを拒否できますし、拒否しても債務不履行解除の原因にもなりません。

**Q29** ［Q24のメゾン甲およびその各部屋が震度7の被害を受けたものの、全壊ではなく、入居者の一時的な引っ越しを伴う工事をすれば復旧可能な場合をふまえて］

なんとかEを説得することができ、C、D、E、Fには一時的に他の建物に移転してもらうことになりました。ところが、C、D、E、Fは、その移転費や宿泊費を当社に請求してきました。当社（B）はこれに応じる必要がありますか。

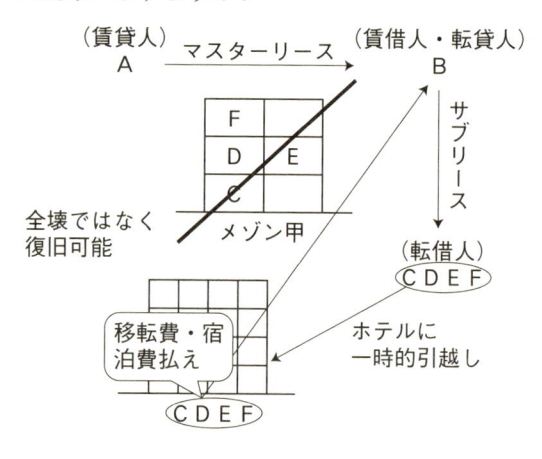

```
         （賃貸人）   マスターリース   （賃借人・転貸人）
            A  ──────────────→   B
                 ┌─┬─┬─┐              │
                 │F│ │ │              │サブ
                 ├─┼─┤ │              │リース
                 │D│E│ │              │
                 ├─┼─┤ │              ↓
                 │C│ │ │
    全壊ではなく  └─┴─┴─┘       （転借人）
    復旧可能       メゾン甲         ＣＤＥＦ

              ┌─┬─┬─┐
              │ │ │ │    ホテルに
     ┌──────┤ │ │ │←── 一時的引越し
     │移転費・宿│ │ │ │
     │泊費払え  │ │ │ │
     └──────┴─┴─┴─┘
                ＣＤＥＦ
```

──────────── **A** ────────────

## 1　結　論

応じる必要はありません。

## 2　理　由

(1)　Bがメゾン甲を修理することは、賃貸人の修繕義務に基づくものです。この修繕をするために、C、D、E、Fに一時的に引っ越してもらい工事をすることになります。

　そして、本問では、C、D、E、Fに一時的に引っ越してもらう必要があるほどの工事がメゾン甲の修理にあたって必要なのですから、C、D、E、Fに引っ越してもらうこと、および、その間にメゾン甲

を修理することは、民法606条2項によって認められるものです。

このように、Bがメゾン甲を修理することやC、D、E、Fに一時的な立退きを求めることは、なんら違法なものではなく、Bの債務不履行を構成しません。

それゆえ、C、D、E、Fの移転費や宿泊費をBは負担する必要はないといえます。

(2) ただし、Q28でも述べたように、保存に必要な行為でも相当性を欠くような行為を行った場合には、賃貸人であるBの債務不履行となると考えられますので、その場合には、当該行為と相当因果関係にある損害、すなわち、移転費や宿泊費を負担することになると思われます。それゆえ、メゾン甲の修理にあたって一時的な引っ越しが不要であるにもかかわらず、引っ越しをさせたような場合には、Bには宿泊費や移転費を負担する必要が生じます。

**Q30** ［Q24のメゾン甲およびその各部屋が震度7の被害を受けたものの、全壊ではなく、入居者の一時的な引っ越しを伴う工事をすれば復旧可能な場合をふまえて］

　この震災によってオーナー（A）が賃貸経営に不安を感じ、当社（B）にマスターリース契約を終了させたいと申し入れてきました。当社は、この申入れを受け入れてもよいですか。また、その方法につき、どのような点に注意すればよいですか。

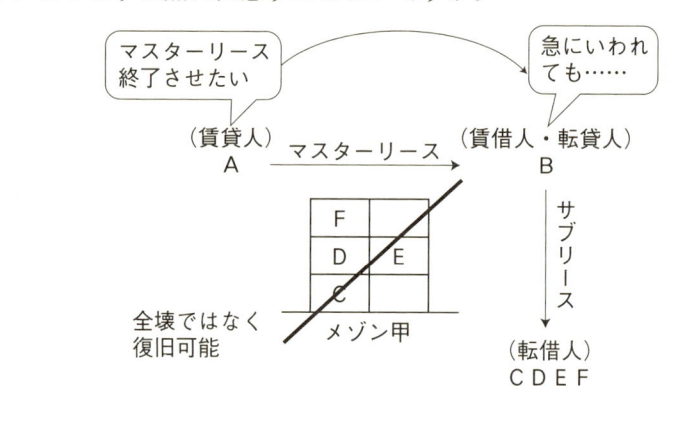

（賃貸人）A —マスターリース→ （賃借人・転貸人）B
マスターリース終了させたい
急にいわれても……
全壊ではなく復旧可能　メゾン甲　F D E C
↓サブリース
（転借人）C D E F

---

**A**

---

## 1　結　論

　まず、C、D、E、Fとのサブリース契約を合意により終了させたうえで、Aからの申入れを受けるべきでしょう。

　あるいは、AとBとC、D、E、Fとが同時に契約を合意解除するという方法を選択するべきでしょう。

## 2　理　由

　本問では、後述するように、転借人たるC、D、E、Fの存在があるため、AとB間の解除だけでは足りない点が問題です。

　すなわち、この問題は、どのようなかたちで「マスターリース契約」を解約することが妥当か、以下の4つの場合に分けて検討する必

要があります。

(1) AとBの間で契約を合意解除する場合

マスターリース契約の基本は、建物の賃貸借契約です。そして、最高裁判所の判例の傾向からして、サブリース契約も、基本は、建物の賃貸借契約です。それゆえ、Aは賃貸人、Bは賃借人（転貸人）、C、D、E、Fは転借人ということができます。

そして、判例上、賃貸人と賃借人の合意により賃貸借契約が解除されたとしても、その解除の効力を転借人に対抗できないとされます。本件に当てはめると、AとBとのマスターリース契約をAとBが合意解除しても、その解除の効力はC、D、E、Fには「対抗できない」ことになります。

この「対抗できない」の意味について諸説ありますが、たとえば、賃貸人が賃借人の地位を引き継ぐものとする見解が有力です。この立場では、AB間で合意解除をすると、Aがサブリース契約におけるBの立場を引き継ぐことになり（賃貸借の存在）、Aの意図（賃貸借からの離脱）には合致しない結論になると思われます。

(2) 建替え等を理由として、Aが期間満了にあたり賃貸借契約の更新拒絶をする場合

判例によれば、賃貸人が更新拒絶をすることにより賃貸借契約が期間満了により終了したときは、転借人に対抗できるとされます。したがって、AがBに、マスターリース契約の期間満了に伴い更新拒絶を申し入れ、マスターリース契約が期間満了によって終了した場合、それにより、サブリース契約も終了することになります。

しかしながら、更新拒絶によって建物賃貸借契約を終了させるには、正当事由が必要となります（借地借家法28条、26条1項）。そして、その正当事由には、入居者の事情も考慮されることになります（同法26条3項、27条2項）。

したがって、入居者に建物の使用収益の切実な必要性があるといえる場合には、更新拒絶の正当事由が認められる可能性も乏しくなり、結局、マスターリース契約は終了しないこととなります。とりわけ、本件震災によって住居不安を抱える入居者からすれば、建物の使用は非常に重要な問題であって、一般的には正当事由は認められにくいのではないかと思われます。

　このような可能性を考慮に入れると、AからBに対するマスターリース契約の更新拒絶という方法を採用することはAの意向に合致しないと思われます。

⑶　BからAに対して賃貸借契約の更新拒絶をする場合

　判例をふまえると、BがAに対して更新拒絶をしても、その効力はBとC、D、E、F間のサブリース契約には影響を及ぼさないことになり、結局、上記⑴の合意解除の場合と同じ結論になります。

　したがって、この手法を本件では採用できないでしょう。

⑷　Bが賃料をAに支払わないという債務不履行状態を作出して、Aからマスターリース契約の債務不履行解除をする場合

　判例によれば、賃借人の賃料不払い等の債務不履行によって賃貸借契約が解除された場合には、賃貸人は、原則として、転借人に対し賃貸借の終了を対抗することができるものとされます。それゆえ、本問でも、BがAに対して賃料不払い等の債務不履行状態を作出させ、Aが債務不履行解除をするとなれば、マスターリース契約も消滅し、また、サブリース契約も終了するものと考えられます。

　しかしながら、この方法をとることは下記のようなリスクや問題点があるため、行うべきではありません。

　すなわち、判例上、「特段の事情」がある場合には、転借人に対し、債務不履行解除の効力が対抗できないとされているからです。

　具体的には、①賃貸人と賃借人が通謀して債務不履行状態を生じさ

せた場合、②賃貸人と賃借人との間に密接な関係があり実質的に同一人格と認められる場合です。

　本問において、Ｂが故意に賃料不払い等の債務不履行をした場合、それはＢがＡの意図を汲んで、わざと賃料不払い等の債務不履行状態を作出したとして、黙示的な通謀によって債務不履行状態を作出させたと認定される危険があります。しかも、このような場合、Ｂは、害意をもって入居者のサブリース契約に基づく賃借権を侵害したとして、不法行為に基づく損害賠償や債務不履行に基づく損害賠償請求を入居者からなされるおそれもあります。それゆえ、この方法は行うべきではありません。

⑸　結　　論

　以上のとおり、ＡＢ間の合意のみによって、マスターリース契約を円満に終了させることは困難であると思われます。

　結局、Ａの意思に沿うようにマスターリース契約を終了させるためには、①先にＢとＣ、Ｄ、Ｅ、Ｆ間のサブリース契約を合意で解除して、その後にＡＢ間のマスターリース契約を解除する方法を採用するか、または、②賃貸人（Ａ）、賃借人（転貸人）（Ｂ）、転借人（Ｃ、Ｄ、Ｅ、Ｆ）の三者間で同時に契約を合意解除する方法を選択せざるをえないと思われます。

**Q31** ［Q24のメゾン甲およびその各部屋が震度7の被害を受けたものの、全壊ではなく、入居者の一時的な引っ越しを伴う工事をすれば復旧可能な場合をふまえて］

**当社（B）はメゾン甲の修理費を支出しましたが、オーナー（A）に対してその修理費相当額の支払を請求することはできますか。**

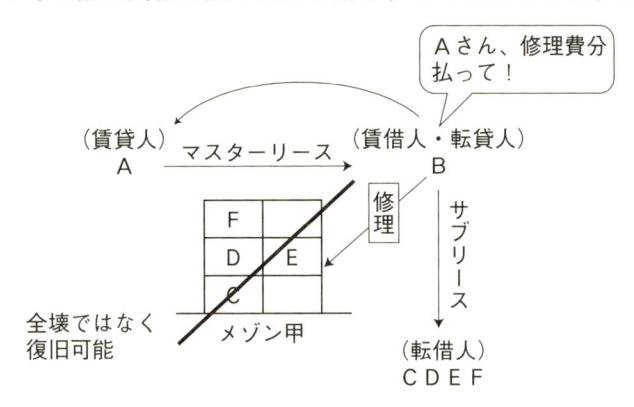

Aさん、修理費分払って！

（賃貸人）A　マスターリース　（賃借人・転貸人）B

修理

サブリース

全壊ではなく復旧可能　メゾン甲

（転借人）CDEF

―――― A ――――

1　結　論

支払請求することができます。

2　理　由

(1)　必要費償還請求権

Bは、Aとの関係では「賃借人」ですから民法606条1項に基づいて、メゾン甲の修理を請求することができます。

では、Bがメゾン甲を修理した場合、Bは、Aに修理費相当額の支払を請求できるでしょうか。

まず、メゾン甲の修理というのは、賃貸目的物を通常の使用収益できる状態に戻すことですから、「保存行為」ということができます。そうすると、Bが自ら費用を支出してメゾン甲を修理した場合、それは、賃借人が賃借物について賃貸人が負担しなければならない必要費

を支出したということになります。この必要費については、民法608条1項が賃貸人に対して償還請求できることを認めています。本問では、Bはメゾン甲の修繕費を支出したのですから、Bは、Aに対して、この条文に基づいて、修理費用分を請求することができます。

(2) 賃料との相殺

必要費償還請求権は、必要費を支出したときは直ちに行使できます。そうしますと、Bは、Aに対して必要費償還債権を有していることになります。他方、Bは、Aに対してマスターリース契約に基づいて、賃料債務を負っています。この債権債務を対当額で相殺することができます。つまり、相殺によりBは、必要費分相当額の賃料の支払を免れることになります。

**Q32** 〔Q24のメゾン甲およびその各部屋が震度7の被害を受けたものの、全壊ではなく、入居者の一時的な引っ越しを伴う工事をすれば復旧可能な場合をふまえて〕

C、D、E、Fが、電気が使えないとして当社に賃料の減額を申し入れてきました。①電気需給契約をC、D、E、F各人とT電力株式会社（以下、「T電力会社」といいます）と結んでいる場合、②電気需給契約を当社（B）とT電力株式会社とが契約し、当社がC、D、E、F各人に電気を供給している場合、③電気供給できなくなったのが「計画停電」によるものの場合に分けて、この申入れに従う必要があるか否かを教えてください。

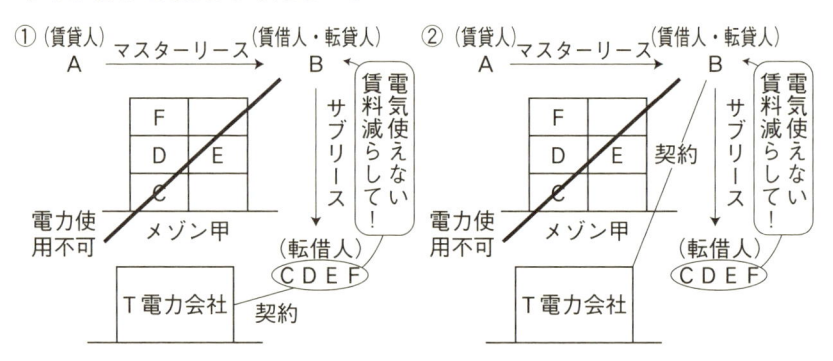

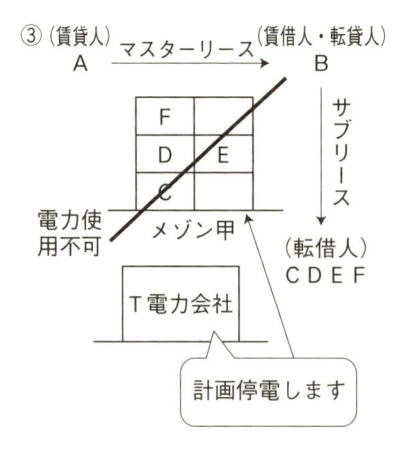

① (賃貸人) A マスターリース→ (賃借人・転貸人) B
サブリース
電気使えない賃料減らして！
電力使用不可　メゾン甲 F D E C
(転借人) C D E F
T電力会社　契約

② (賃貸人) A マスターリース→ (賃借人・転貸人) B
契約
サブリース
電気使えない賃料減らして！
電力使用不可　メゾン甲 F D E C
(転借人) C D E F
T電力会社

③ (賃貸人) A マスターリース→ (賃借人・転貸人) B
サブリース
電力使用不可　メゾン甲 F D E C
(転借人) C D E F
T電力会社
計画停電します

--------- A ---------

## 1　結　　論

①の場合、Bは賃料減額の申入れに従う必要があります。

②の場合、電気代を賃料に含めてBがC、D、E、Fに請求しているときに賃料減額の申入れに従う必要があります。

③の場合、Bは賃料減額の申入れに従う必要があります。

## 2　理　　由

### (1)　電気需給契約とは

本問の回答にあたっては、まず電気需給契約とは何かを知る必要があります。

電気需給契約とは、電気の需給に関する契約です。需給とは、需要と供給です。電力会社は、需要家の求めに応じ電気を引き渡し、需要家は引渡しを受けた電気の対価を支払う契約です。判例によれば、電気需給契約は売買契約に類似する有償契約であり、継続的供給契約であると考えています。

この電気需給契約の締結にあたって、電気供給約款が定められます。電気供給約款とは、電力会社が一般の需要に応じて電気を供給するときの電気料金その他の供給条件を定めたものです。つまり、需要家と電力会社すなわち需給両者の電気需給に関する権利義務関係を規定したものが電気供給約款です。

### (2)　電気需給契約の当事者

電気需給契約の当事者とは、①の場合であれば、各テナント（C、D、E、F）とT電力会社、②の場合であれば、BとT電力会社ということになります。

### (3)　①の場合

a　電気供給不能の原因が原子力発電所の故障にあるとき

メゾン甲においてC、D、E、Fが電気を使えない原因が原子力発電所の故障にあるとき、C、D、E、Fは、Bに対して、賃料減額請求をすることができるでしょうか。

　上記したように、電気需給契約はC、D、E、F各人とT電力会社が締結しているのであって、Bはその契約については無関係です。そうであるとすれば、電気使用不能の原因がT電力会社にある場合には、賃料減額をするいわれはないとBは考えるでしょう。

　しかし、注意するのは、C、D、E、Fがメゾン甲を居住用として使用している場合、電気の使用というのは日常生活にとって必要不可欠であるという点です。現在の日常生活を送るにあたり、電気・ガス・水道というのはきわめて重要な要素です。そのため、電気の使用ができないということは、メゾン甲の各居室を十分に使用収益することができないと言い換えることができると思われます。

　ここで、なぜ賃貸人は賃料を賃借人から取得できるのかという点について考えてみると、それは、賃貸人の使用収益義務に求められます。つまり、賃貸目的物を引き渡したうえ、賃借人が使用収益するのに適した状態に置く義務です。居住用にメゾン甲の各居室をC、D、E、Fが使用しているのだとすると、電気使用不能によってメゾン甲の各居室を使用収益するのに適した状態には置かれていないといえるでしょう。

　そして、本問の電気使用不能についてはC、D、E、Fには何の責任もありません。そうであるとすれば、C、D、E、Fは、賃貸人であるBに対して、電気使用不能の限度で賃料の減額を請求できるというべきでしょう（法的な根拠は、民法611条1項の類推適用ということになるかと思います）。

b　電気供給不能の原因がメゾン甲の建物それ自体にあるとき

　このときは、Bはメゾン甲を修理することによって電気の供給を再

びC、D、E、Fに行うことができるようになります。

　したがって、bのときであれば、C、D、E、FはBに対して賃料減額請求をすることができると思われます。そして、その減額できる額とは、C、D、E、Fが電気を使えないことによる不便の程度によるということになると思われます。

(4)　②の場合

　②の場合、電気需給契約はBとT電力会社とで締結され、BがC、D、E、Fに電気を供給していることになります。そして、その場合には、共益費や賃料の一部に含められるかたちでBからC、D、E、Fに請求がなされます。

a　共益費として請求されているとき

　共益費とされている場合には、BはC、D、E、Fに共益費の請求ができなくなるだけですから、賃料減額の問題は発生しません。

b　賃料の一部に電気代が含まれているとき

　他方、賃料の一部に電気代が含まれているときは、電気代をBはC、D、E、Fに請求できないわけですから、賃料の減額に応じる必要が生じます。

(5)　③の場合

　「計画停電」とは、震災の影響で電力会社が供給する電気量を需要量が上回るおそれが生じたために、停電を事前に回避するために、1日のうち一定時間、電力会社の判断によって電気の供給を断絶させられるものをいいます。

　そのため、③の場合というのは、本問①の場合と同様に考えることができます。つまり、電気供給のなされないのが電力会社に原因がある場合と言い換えることができるでしょう。

　したがって、上記(3)aに記載してある内容と同様に考えることができます。

第4章　サブリース関係に震災の与える影響　　105

## 第3　入居者が行方不明になった場合

**Q33**　X市を襲った震災の後、メゾン甲の入居者であるCと連絡がとれなくなりました。当社（B）とCとの賃貸借契約はどうなりますか。また、Cとまったく連絡がつかないため、Cとの賃貸借契約（サブリース契約）を終了させたいと考えておりますが、どのような方法をとればよいですか。

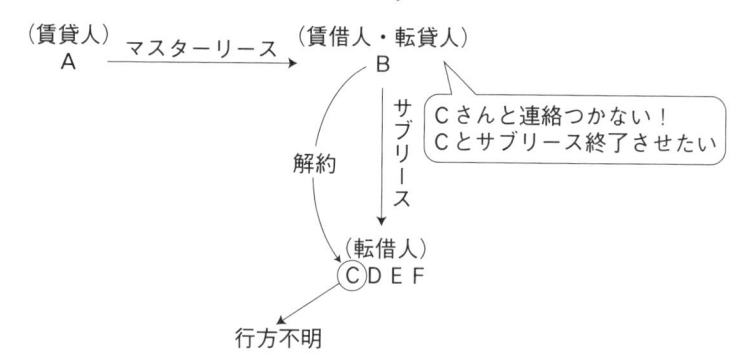

```
（賃貸人）    マスターリース    （賃借人・転貸人）
   A      ─────────→      B
                              │  ┌─────────────────┐
                          サ  │  │Cさんと連絡つかない！│
                          ブ  │  │Cとサブリース終了させたい│
                     解    リ │  └─────────────────┘
                     約    ｜ │
                           ス ↓
                          （転借人）
                           ⓒ D E F
                           ↓
                          行方不明
```

----------------- Ⓐ -----------------

### 1　結　論

　BC間の契約内容に「一定期間連絡がとれない場合にはサブリース契約を解除できる」という趣旨の条項が入っていない限り、契約は存続することになります。そして、かかる条項が入っていない場合には、Cとの賃料不払いの状態となるまで待ち、その状態に至った時に賃料不払いを理由とする債務不履行解除を主張する方法をとるべきでしょう。

## 2 理　由

### (1) 賃貸借契約が当然終了する場合とは

　賃貸目的物が契約当事者の責めに帰すべからざる原因によって「滅失」した場合、賃貸人の使用収益義務が永久的に履行不能で消滅するのに伴って、賃借人の家賃債務もなくなり、結果として、賃貸借契約は消滅するものとされます（Q21参照）。

### (2) 本問の場合

　本問の場合には、Ｃと連絡がとれないだけであり、メゾン甲は滅失していないのですから、ＢとＣとのサブリース契約（賃貸借契約）は当然には終了しません。

### (3) Ｃとの賃貸借契約を終了させる方法

a　賃料不払いの債務不履行解除の主張

　では、本問のように入居者が行方不明になってしまい連絡がとれなくなった場合、どのようにサブリース契約（賃貸借契約）を終了させることができるでしょうか。

　まず、契約条項のなかに「一定期間連絡がとれない場合にはサブリース契約を解除できる」という趣旨の条項が入っていれば、その条項に基づいて解除できます。

　しかし、入っていない場合には、賃料不払いの状態が生じるまで期間が経過するのを待ち、その状態が発生した時に、賃料不払いを理由とする債務不履行に基づく解除を主張する方法をとることになるかと思われます。

b　信頼関係破壊の有無について

　しかし、判例によれば、賃貸借契約を解除するには、賃借人の債務不履行状態が生じたからといって直ちに賃貸借契約を解除できるわけではなく、賃貸人・賃借人間の信頼関係が（客観的にみて）破壊された状態に至ることが必要であるとされます。

そのため、本問でも、賃料不払いが生じただけで解除できるのかが疑問となります。賃料不払解除によって賃貸借契約を終了させるには、通常 3 カ月ほどの賃料不払期間が必要とされておりますが、本問のように、賃借人とまったく連絡がとれない状態に至れば、最も短い期間（1〜2 カ月）の不払いであっても信頼関係が破壊されたとして解除が認められる可能性があると思われます。

(4) **具体的な方法**

では、具体的にはどのような方法とればよいでしょうか。

債務不履行解除によって賃貸借契約は終了したとして、建物明渡訴訟および未払賃料支払訴訟を提起するべきでしょう。そして、訴訟提起の際に裁判所に提出する訴状に、その契約の解除の意思表示を記載したうえで、「公示送達手続」を利用するべきでしょう。

これによって、入居者の所在が不明であっても、裁判所に所在不明である旨の調査報告書を提出し、裁判所がその掲示板に呼出状を貼り、その貼付の日から 2 週間経過した時に訴状の送達があったものと扱われ、かつ、解除の意思表示もなされたものと扱われることになります。そして、この場合には、入居者 C は裁判を欠席するでしょうから、比較的すみやかに明渡しおよび未払賃料請求認容判決（欠席判決）が下されることになり、強制執行の手続に入ることができるものと思われます。

**Q34** ［Q33でＣと連絡がとれなくなったことをふまえて］
**当社（Ｂ）はＣの部屋に入室することができますか。**

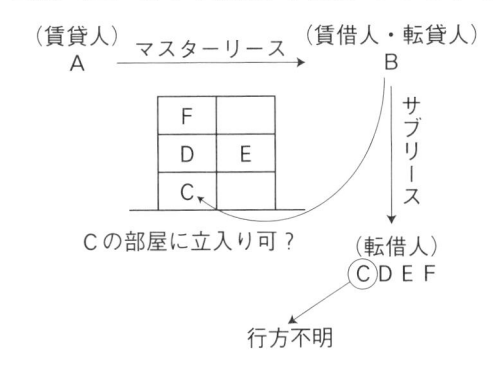

```
（賃貸人）    マスターリース    （賃借人・転貸人）
   Ａ      ─────────→        Ｂ
                                │
        ┌───┐                   │サ
        │ F │                   │ブ
        ├─┬─┤                   │リ
        │D│E│                   │ー
        ├─┼─┘                   │ス
        │C│                     ↓
        └─┘                  （転借人）
  Ｃの部屋に立入り可？        ⒸＤＥＦ
                                │
                                ↓
                              行方不明
```

――――――――――――  Ａ  ――――――――――――

## 1 結　論

　立ち入ることができます。ただし、できる限り、第三者的立場にある者の立会いを求めるべきです。また、立ち入った後は、その旨を室内に掲示しておくべきです。

## 2 理　由

### (1) 法律上の建前

　民法606条２項は、「賃貸人が賃貸物の保存に必要な行為をしようとするときは、賃借人は、これを拒むことができない」と規定しているところ、本問の震災のような未曾有の大災害が起きた場合、賃貸建物の現状を把握することは、賃貸物の保存に必要な行為といえます。

　特に、震災によって入居者が死亡している危険性もあり、その生存の確認はきわめて重要な問題であると思われます。本問では入居者（Ｃ）の行方が不明となっているのですから、メゾン甲の居室内で死亡している可能性もないとは言えないと思われます。

　したがって、Ｃの安否確認のためにも、部屋に立ち入ることは法律

上可能であると思われます。そして、この立入りについては、法律上は、Cの連帯保証人や第三者（警察官や地方公共団体の職員）の立会いは不要です。

### (2) 実際に行うべきこと

ただし、賃貸人といえども、賃借人の意思に反する保存に必要でない立入りは違法なものになります。入居者の意思確認なしで立ち入るのであれば、（万が一にも）将来的に問題となった場合に備えて、第三者的立場にある者に立ち会ってもらって、保存に必要な行為であることを確認してもらったうえで居室内に立ち入るべきだと思われます。また、室内に立ち入ったことを、その理由も含めて室内に掲示しておくべきだと思われます。

**Q35** ［Q33でCと連絡がとれなくなったことをふまえて］
**Cとの賃貸借契約（サブリース契約）を終了させた後、その室内のCの残置物はどのように処分したらよいですか。**

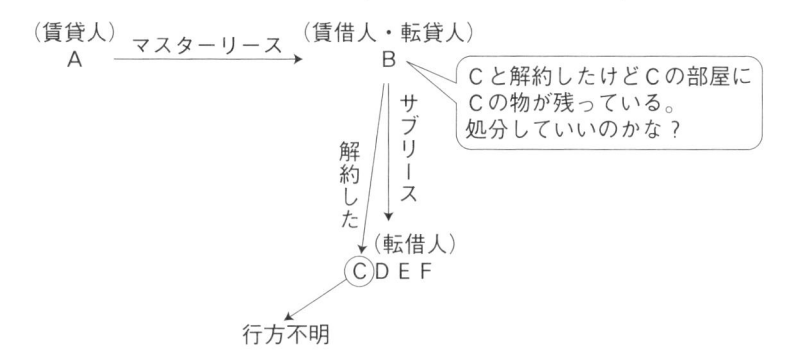

```
（賃貸人）　マスターリース　（賃借人・転貸人）
   A  ─────────────▶   B
                         │         Cと解約したけどCの部屋に
                      サ │解        Cの物が残っている。
                      ブ │約        処分していいのかな？
                      リ │し
                      ー │た
                      ス │
                         ▼
                     （転借人）
                      ⓒ D E F
                       │
                       ▼
                    行方不明
```

―― A ――

## 1　結　論

　勝手にCの居室内に立ち入り、Cの残置物を処分することは避けるべきです。Cに対して建物明渡請求訴訟および未払賃料支払訴訟を提起したうえで、Cの残置物について動産執行の申立てをするべきです。

## 2　理　由

### (1)　勝手に立ち入り、処分する手段について

　入居者の行方が不明だからといって、勝手に居室内に立ち入り、その居室内の残置物を排除すれば、それは、違法な行為となります。

　このような行為は、いわゆる、「自力救済」（自救行為）といわれるもので、判例によれば、自救行為が適法とされるのは、「法律の定める手続によったのでは、権利に対する違法な侵害に対抗して現状を維持することが不可能又は著しく困難であると認められる緊急やむを得ない特別の事情が存する場合」であるとされます。

この判例が念頭に置くのは、目の前で自転車が盗まれようとしているところを止めに入る、といった事案です。本問のように、入居者が不明であれば、それ相応の法的手続を履践することは可能なのですから、勝手に居室内に立ち入り、その残置物を処分することは、入居者が裁判を提起すれば、民事上違法と判断される可能性が高いといえます。さらに、入居者が告訴をすれば、住居侵入罪や器物損壊罪等の刑事責任を問われるおそれすらあります。

⑵　**法律上の手段を用いて残置物を処理する手続**

a　まず、Cの賃料不払いによる債務不履行の状態となる必要があるため、一定期間の経過を待つ必要があります。

　そのうえで、賃料不払いの債務不履行に基づいて賃貸借契約を解除し、建物明渡請求訴訟と未払賃料支払請求訴訟を提起します。

　なお、この残置物を処理するにあたっては、「一定期間連絡がとれない場合には賃貸借契約を解除できる」旨の条項による解除は利用しないほうがよいでしょう。なぜなら、その条項による解除の場合は、未払賃料支払請求訴訟を提起できないため、下記の動産差押えを利用できないからです（もっとも、一定期間の経過によって未払賃料が発生しているのであれば、この条項による解除によることも可能です）。

b　訴訟提起後の手続（動産執行）

　上記2つの訴訟は、被告欠席で進行すると思われますから、建物明渡請求も未払賃料支払請求も認容されることになります。

　その勝訴判決の出た後、この未払賃料支払請求認容判決に基づいて、Cの残置物に対して動産執行を申し立てることになります。

　動産執行の申立てとは、債務者の動産を執行官に差し押えてもらう手続です。本問では、Cの居室内の動産を執行官が取り上げることになります。

　そして、執行官が差し押えた動産については、入札や競り売り等の

方法で売却されることになります。その売却代金が未払賃料に充当されます。

(3)　もっとも、津波の被害による場合など現場の状況などから明らかにＣが死亡していると考えられる場合には、認定死亡の手続（震災などによって屍体の確認ができない場合において、死亡の蓋然性がきわめて高いときに戸籍に死亡が記載されることをいい、戸籍法15条に基づく制度です。判例によれば、反証のない限り、その記載の日時に死亡したと事実上の推定がなされます）をとってもらうことにより、Ｃの死亡を前提として、遺族との間で解約合意書・明渡書を取り交わして処理することも、ごく例外的な緊急的な措置としてありうるでしょう。

## 第 2 節

# 警戒区域等に指定された場合のケーススタディ

◇ケーススタディ◇

　当社（B）は、某県Y市でもサブリース事業を営んでおり、オーナーαと「メゾン乙（2階建て、各階1部屋ずつ）」という建物についてマスターリース契約を締結して、某県Y市内のγとθにその建物を転貸しております。

　メゾン乙の10km先には原子力発電所（以下、「原発」といいます）が設置されております。

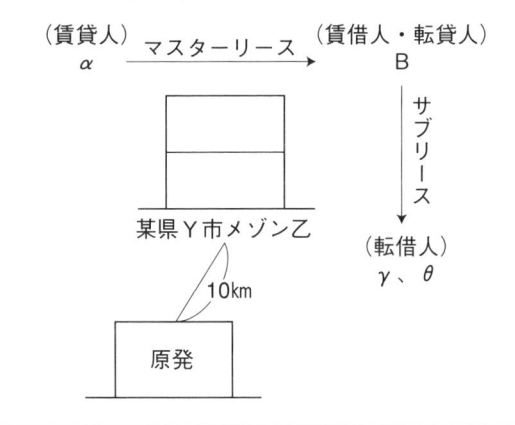

```
(賃貸人)    マスターリース    (賃借人・転貸人)
  α      ─────────→      B
                              │
        ┌──────┐           │ サ
        │      │           │ ブ
        │      │           │ リ
        │      │           │ ー
        └──────┘           │ ス
        某県Y市メゾン乙       ↓
           ╲                (転借人)
            ╲10km            γ、θ
        ┌──────┐
        │ 原発 │
        └──────┘
```

**Q36** 地震によって起きた津波の影響で、原発が損壊し、放射線もれが判明しました。そこで、某県Y市は、この原発から半径20km圏内を警戒区域に指定しました。

当社（B）とαのマスターリース契約はどうなりますか。

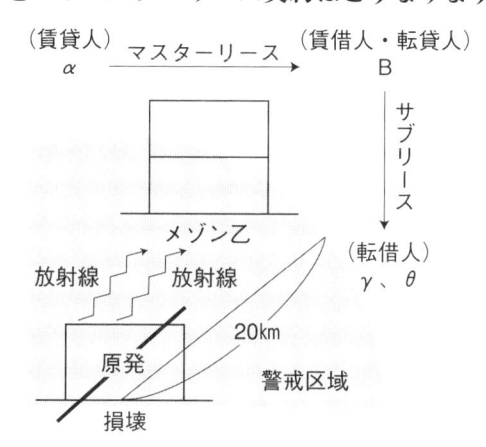

（賃貸人）　マスターリース　（賃借人・転貸人）
α　──────────→　B
　　　　　　　　　　　　　　　│
　　　　　　　　　　　　　　サブリース
　　　　　メゾン乙　　　　　　│
　　　　　　　　　　　　　　　↓
　放射線　　放射線　（転借人）
　　　　　　　　　　γ、θ
　　　　　　　　20km
　原発　　　　警戒区域
　　損壊

---

**A**

### 1　結　論

Bとαのマスターリース契約は存続します。

ただし、警戒区域の指定が長期間にわたる場合には、マスターリース契約の解除ができると思われます。

### 2　理　由

**(1) 警戒区域（指定、罰則、解除）**

本問では、放射線の漏出によって「警戒区域に指定」されたとありますが、そもそも「警戒区域」とは何でしょうか。

放射線の漏出による「警戒区域」とは、原子力災害対策特別措置法28条2項による読替後の公害対策基本法63条1項に根拠をもつものです。すなわち、「原子力緊急事態宣言があった時から原子力緊急事態解除宣言があるまでの間において、災害が発生し、又はまさに発生し

ようとしている場合において、人の生命又は身体に対する危険を防止するため特に必要があると認めるとき」に、市町村長が、警戒区域を設定するものです。

警戒区域に指定されると、緊急事態応急対策に従事する者以外の者に対して当該区域への立入りを制限し、もしくは禁止し、または当該区域からの退去を命ずることができるようになります。

そして、警戒区域設定に基づく禁止、制限、退去命令については、その履行を担保するために、その違反について10万円以下の罰金または拘留の罰則が科されます（原子力災害対策特別措置法28条2項による読替後の災害対策基本法116条2号）。

放射線漏出による警戒区域の指定は、上記のように、原子力緊急事態解除宣言があるまでなされることになります。原子力緊急事態解除宣言とは、原子力災害対策特別措置法15条4項に根拠をもつものです。同条項は、「内閣総理大臣は、原子力緊急事態宣言をした後、原子力災害の拡大の防止を図るための応急の対策を実施する必要がなくなったと認めるときは、速やかに、原子力安全委員会の意見を聴いて、原子力緊急事態の解除を行う旨の公示（以下「原子力緊急事態解除宣言」という。）をするものとする」と規定しております。つまり、内閣総理大臣によって原子力緊急事態の解除を行う旨の公示がなされるまでの間、警戒区域の指定は継続することになります。

### (2) マスターリース契約の存続について

a　マスターリース契約が有効に存続すること

マスターリース契約は、基本的には賃貸借契約と考えるべきです。そのため、メゾン乙については、αが賃貸人、Bが賃借人ということになります（Q21参照）。

そして、賃貸借契約が当然に終了するには、判例によれば、賃貸借の目的となっている主要な部分が滅失して、全体としての効用を失

い、賃貸借の趣旨が達成されない程度に達していることが必要であり、その判断については、滅失した部分の修復が通常の費用では不可能と認められることが必要であるとされます（Q22参照）。

　この判例の基準に従うと、たとえ警戒区域に指定されたとしても、メゾン乙が滅失したわけではありませんのでマスターリース契約は当然には終了しないことになります。

b　マスターリース契約を解除するには（事情変更の原則）

　(a)　事情変更の原則とは

　警戒区域に指定されると、賃貸目的物の使用は不可能となります。それにもかかわらず、マスターリース契約が存続するというのは、非常に不合理であるともいえます。そこで、契約当時とは事情が著しく変更したとして、「事情変更の原則」という法理によって解除するということが考えられます（事情変更の原則について、Q6参照）。

　判例でも、事情変更の原則は一般論としては確立していますが、実際にこの原則を適用して契約の解除を認めた事案は非常に少ないものです。

　(b)　本問の場合における事情変更の原則による解除の要件

　どのような場合に事情変更の原則によって解除することができるでしょうか。

　一般的には、①契約目的の到達不能と②事情変更の予見が不可能であったことが指摘されております。

　①②を満たす場合であれば、契約当事者を契約締結当時の契約内容の拘束から解放することにも合理性があるからでしょう。

　(c)　では、本問の場合に事情変更の原則によってマスターリース契約を解除することはできるでしょうか。

　まず、①契約目的の到達不能という要件について考えてみたいと思います。本問のマスターリース契約の目的というのは、いわゆるサブ

第4章　サブリース関係に震災の与える影響　117

リース事業を営むことにあり、具体的には、αからBがメゾン乙を借り受け、これを第三者に転貸し、転貸賃料を取得し、Bは一定額をαに支払うというものです。警戒区域に指定されれば上記のように、当該区域に立ち入ると刑事罰が科せられるわけですから、Bが第三者に転貸することが不可能となります。とはいえ、原子力緊急事態解除宣言が短期間でなされた場合には、なおBはサブリース事業を営むことができますから、この場合には、目的到達不能とはいえません。それゆえ、Bがサブリース事業を営めない程度の長期間にわたり警戒区域の指定が継続したことをもって、契約目的の到達不能というべきです。

次に、②「事情変更の予見不可能」という点ですが、大震災によって原発から放射線物質が漏出し、放射線の漏出により警戒区域に指定されることを契約当時においてαBが予見することなど通常は不可能です。それゆえ、②は問題なく認められるでしょう。

c 以上から、警戒区域の指定が長期間にわたる場合には、Bはマスターリース契約を解除できますが、そうでない場合には、マスターリース契約は有効に存続することになります。

## Q37 ［Q36の警戒区域指定をふまえて］
当社（B）はαに対して、賃料を支払う必要がありますか。

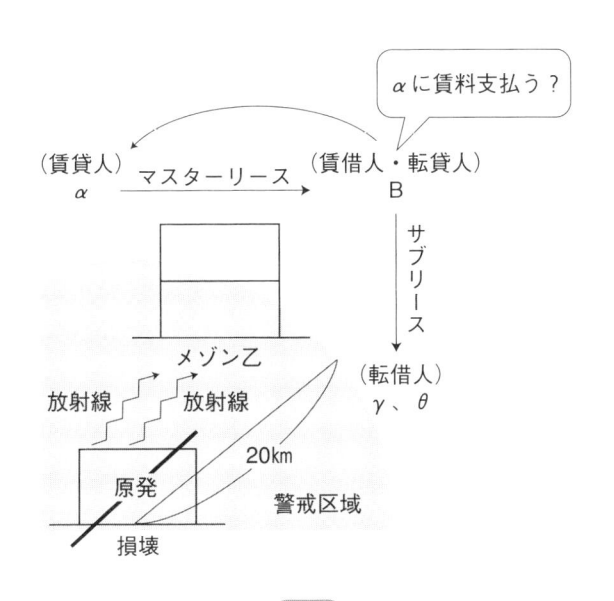

```
                              ┌──────────────┐
                              │ αに賃料支払う？│
                              └──────┬───────┘
  （賃貸人）    マスターリース    （賃借人・転貸人）
     α      ───────────────→        B
                                     │
                                     │ サブ
                                     │ リース
                                     ↓
                                  （転借人）
                                    γ、θ
       放射線  メゾン乙  放射線
          ↗            ↗
       ┌──────┐      20km
       │ 原発 │    警戒区域
       └──────┘
          損壊
```

A

### 1 結　論
支払う必要はありません。

### 2 理　由
αとBのマスターリース契約は基本的には建物賃貸借契約と考えるべきです。したがって、αが賃貸人、Bが賃借人ということになります。

本問は、なぜ賃借人が賃貸人に賃料を支払う必要があるのかという観点にさかのぼって考える必要があります。

それは、賃貸人の使用収益義務に根拠があります。使用収益義務とは、賃借人に賃貸目的物を引き渡し、使用収益に適する状態に置くことをいいます。そして、この「使用収益するのに適した状態」にある

第4章　サブリース関係に震災の与える影響

かどうかは、客観的に判断されます。

　この使用収益義務が履行不能な状態になれば、賃借人は賃料を支払う必要がなくなります。

　では、マスターリース契約において、「Bが賃貸建物であるメゾン乙を使用収益できる状態に置かれている」とされるのはどういう状態でしょうか。マスターリース契約の性質から考えて、Bが第三者へ賃貸できる状態にあることが前提であると思われます。

　本問では、警戒区域の指定がなされており、警戒区域の指定がなされると、Q36でも述べたように、罰則をもってその区域への立入りが制限されることになります。それゆえ、メゾン乙をBが第三者に転貸することは不可能な状態にあるといえます。

　したがって、警戒区域の指定がなされた本問においては、客観的にみて、Bがメゾン乙を使用収益できる状態に置かれているとは到底いえません。それゆえ、原子力緊急事態解除宣言がなされることによって、警戒区域の指定が外れるまでは、Bは賃料をαに対して支払う必要がないということになります。

**Q38** ［Q36の警戒区域指定をふまえて］
当社（B）とγ、θとの賃貸借契約（サブリース契約）はどうなりますか。当社（B）は、γ、θから賃料を取得することができますか。

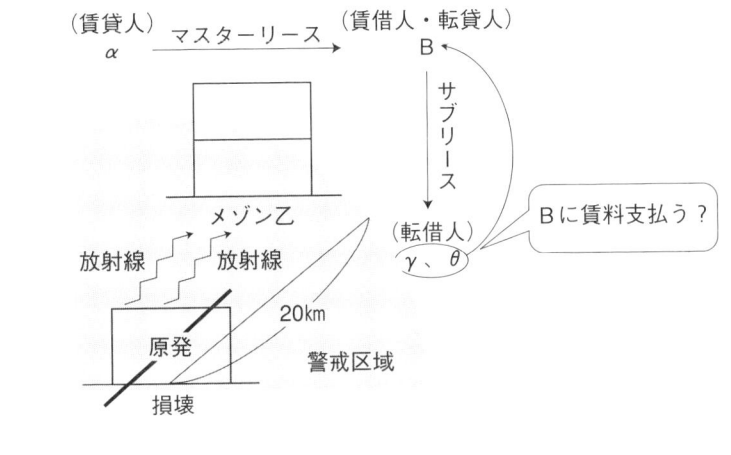

**A**

## 1　結　論

サブリース契約は原則として有効に存続します。ただし、警戒区域の指定の解除（原子力緊急事態解除宣言）まで長期間を要するときは、解除をすることができます。

Bはγ、θから賃料を取得することができません。

## 2　理　由

### (1)　サブリース契約の効力について

サブリース契約とは、すでに述べてきたとおり、近時の判例を前提とすると、基本的には賃貸借契約であり、それに種々の特約が付されているものと考えるべきです。それゆえ、本問では、Bが賃貸人、γ、θが賃借人ということになります（Q21参照）。

賃貸借契約ということになると、メゾン乙が「滅失」した場合であ

れば、当然に終了することになりますが、警戒区域の指定によってメゾン乙は「滅失」するわけではありません。

そのため、サブリース契約は有効に存続することになります。

もっとも、Q36で述べたように、警戒区域の指定の解除（原子力緊急事態解除宣言）が長期間に及びなされない場合には、「事情変更の原則」に基づいて解除することも考えられるでしょう。

(2) 賃料の取得について

a　Bが$\gamma$、$\theta$から賃料を取得するには

賃貸人Bが、賃借人$\gamma$、$\theta$から賃料を取得するには、Bがメゾン乙について使用収益義務を果たしている必要があります。そして、それは、メゾン乙を$\gamma$、$\theta$に引き渡したうえ、メゾン乙を使用収益に適する状態に置くことをいいます。

b　警戒区域に指定された場合の効果

警戒区域に指定された場合、Q36でも述べたとおり、その区域への立入りが刑事罰をもって制限されます。一時立入りについても認められることがありますが、それは、①立入りができなければ著しく公益を損なうことが見込まれる者や、②警戒区域内に居住する者であって、当面の生活上の理由により一時立入りを希望する者のなかのさらに一部の者に限定されています。

c　本問の検討

本問のサブリース契約において「使用収益に適する状態」にあるといえるには、賃借人がメゾン乙の各居室に自由に出入りできる状態にあることが必要であると思われます。

ところが、警戒区域に指定されると、上記bに述べたように、一時的な立入りが限定的に認められる以外には、当該区域に立ち入ることができなくなります。このような状態においては、賃借人がメゾン乙に自由に出入りする状態にあるとはいえないでしょう。

それゆえ、警戒区域の指定によって、Ｂは賃料を$\gamma$、$\theta$から取得することはできないというべきです。
　もっとも、次のような疑問も考えられます。つまり、「警戒区域に指定されたとしても、$\gamma$や$\theta$は荷物をメゾン乙の各居室に置くなどしてメゾン乙の各居室を使用しているのだから、$\gamma$や$\theta$はメゾン乙を使用収益しているではないか。それゆえ、賃料は発生するのではないか」というものです。
　しかし、メゾン乙を使用収益できる状態とは、各居室内の荷物の搬出や搬入も自由である状態をいうものと思われます。本問のような場合、$\gamma$や$\theta$は、自らの意思でメゾン乙の各居室に荷物を存置しているわけではなく、警戒区域の指定によって当該区域から立ち退かざるをえなくなったために、存置したままにせざるをえないのであって、荷物の存置が強制されているともいえるわけです。
　そうであるとすれば、やはりメゾン乙は使用収益できる状態にはないというべきであり、賃料は発生しないといえるでしょう。

**Q39** ［Q36の警戒区域指定をふまえて］
某県Y市の出したのが警戒区域の指定ではなく、「避難勧告」または「避難指示」であればどうですか。

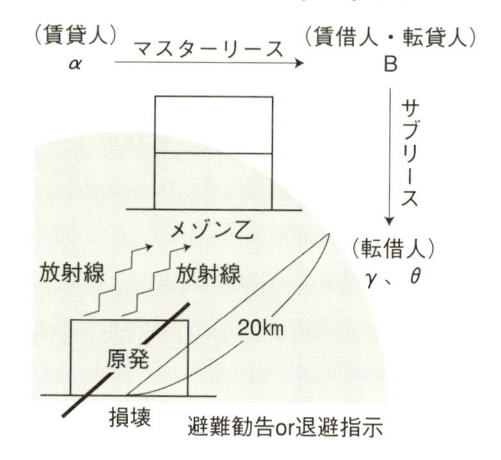

（賃貸人）α　マスターリース→　（賃借人・転貸人）B
　サブリース↓
　（転借人）γ、θ

メゾン乙
放射線
原発
損壊
20km
避難勧告or退避指示

**A**

## 1　結　論
① どちらの場合であっても、マスターリース契約およびサブリース契約は有効に存続します。ただし、避難の必要性がなくなった旨の市町村長による公表がなされるまでに長期間かかった場合には、契約を解除できるでしょう。
② マスターリース契約に基づく賃料およびサブリース契約に基づく賃料は、ともに発生しません。

## 2　理　由
### (1)　避難勧告および避難指示とは
「避難勧告」とは、原子力災害対策特別措置法15条3項、同法28条2項、災害対策基本法60条に基づくものであり、「災害が発生し、又は発生するおそれがある場合において、人の生命又は身体を災害から保護し、その他災害の拡大を防止するため特に必要があると認め」ら

れるときに、市町村長が、避難のための立退きを勧め、促す行為です。この勧告とは、その地域の居住者等を拘束するものではないが、居住者等がその「勧告」を尊重することが期待されているものをいいます。

　他方、「避難指示」とは、原子力災害対策特別措置法15条3項、同法28条2項、災害対策基本法60条に基づくものではあるが、避難勧告よりも拘束力が強く、被害の危険が目前に切迫している場合等に発せられ、居住者等を避難のために立ち退かせるものです。もっとも、「避難指示」に従わなかった者に対しての直接強制は、時期的に早い段階では直接強制をするべきではないこと、急迫した場合は即時強制が可能であること、立退きをしないことにより被害を受けるのは本人自身たること等を理由にとられておりません。

　そして、避難の必要性がなくなったときは、市町村長は、直ちに、避難している住民が十分に了知できる方法（たとえば、ラジオやテレビ等）でその旨を公表するとともに、都道府県知事にすみやかにその旨を報告しなければならないものとされています（災害対策基本法60条4項）。

(2)　マスターリース契約およびサブリース契約の効力

a　原則として有効に存続すること

　これらの契約については、Q40およびQ42と同様に考えることができます。

　マスターリース契約およびサブリース契約は、基本的には建物賃貸借契約であると考えることができます。そして、建物賃貸借契約が当然終了する場合とは、建物が滅失した場合です。

　避難勧告や避難指示が出されても、それによってメゾン乙が滅失することにはなりませんから、当然終了することにはならず、有効に存続することになります。

b 解除の可否

　では、警戒区域に指定された場合と同様に、事情変更の原則によってマスターリース契約やサブリース契約を解除することはできるでしょうか。

　事情変更の原則とは、契約締結当初の事情に大きな変更が生じたために、契約締結時点の内容に当事者を拘束させることが不当であると認められる場合に、契約改定や契約解除を認める法理です。そして、本問の場合には、契約の解除が問題となりますが、その要件については、一般的に、①契約目的の到達不能と②事情変更の予見が不可能であったことが指摘されています。

　まず、Q36でも指摘しましたように、大震災によってメゾン乙付近の原子力発電所が損壊し、放射線が漏出するということなど、α、B、γ、θの誰もが予見することはできないでしょう。それゆえ、②の「事情変更の予見が不可能であること」は認められると思います。

　では、①の「契約目的の到達不能」はどうでしょうか。

　避難勧告は、災害が発生した場合や発生するおそれがある場合において、市町村長が特に居住者等の生命・身体の保護を図る必要があると認めるときに発令されるものです。避難指示は、災害による生命・身体への危険が目前に迫っているときになされるもので、この危険性は避難勧告以上のものです。このような避難勧告や避難指示が出され、避難の必要性がなくなった旨の公表が長期間にわたってなされないような場合には、Bがサブリース事業の一環として第三者に転貸することは不可能ですし、γ、θがメゾン乙を居住用建物として使用することは客観的にみて不可能といわざるをえません。それゆえ、②の契約目的の到達は不能というべきです。

　したがって、避難の必要性がなくなった旨の公表が長期間にわたってなされない場合には、事情変更の原則に基づき、マスターリース契

約もサブリース契約も解除できるというべきでしょう。

### (3) マスターリース契約およびサブリース契約に基づく各賃料

マスターリース契約もサブリース契約も、基本は賃貸借契約ですから、Ｂとの関係ではαが賃貸人、γ、θとの関係ではＢが賃貸人（転貸人）ということになります。

そして、賃借人の賃料は賃貸人の使用収益義務が果たされているときに発生することになります。本問のαのＢに対する使用収益義務とは、サブリース事業の一環としてマスターリース契約が締結されていることにかんがみ、メゾン乙を第三者に転貸できる状態に置くことをいうと思われます。またγ、θとの関係でのＢの使用収益義務とは、メゾン乙の各居室にγ、θが自由に出入りできる状態に置くことをいうと思われます。しかし、避難勧告および避難指示が出され、避難の必要性がなくなった旨の公表がなされるまでの間というのは、災害のために居住者の生命・身体への危険が差し迫っている状態ですから、Ｂがメゾン乙を第三者に転貸できる状態ではありませんし、γ、θが自らの生命・身体の危険を感じずにメゾン乙の各居室に入室できるものでもありません。それゆえ、αのＢに対する使用収益義務およびＢのγ、θに対する使用収益義務は果たされているとはいえず、マスターリース契約に基づく賃料およびサブリース契約に基づく賃料は、いずれも発生しないというべきでしょう。

## Q40 ［Q36の警戒区域指定をふまえて］

某県Y市の指定した警戒区域のせいで、当社（B）はメゾン乙に新入居者を募集することができなくなりました。そのため、経営は傾くばかりです。このような場合、この原発を管理しているT電力会社に損害賠償請求できますか。

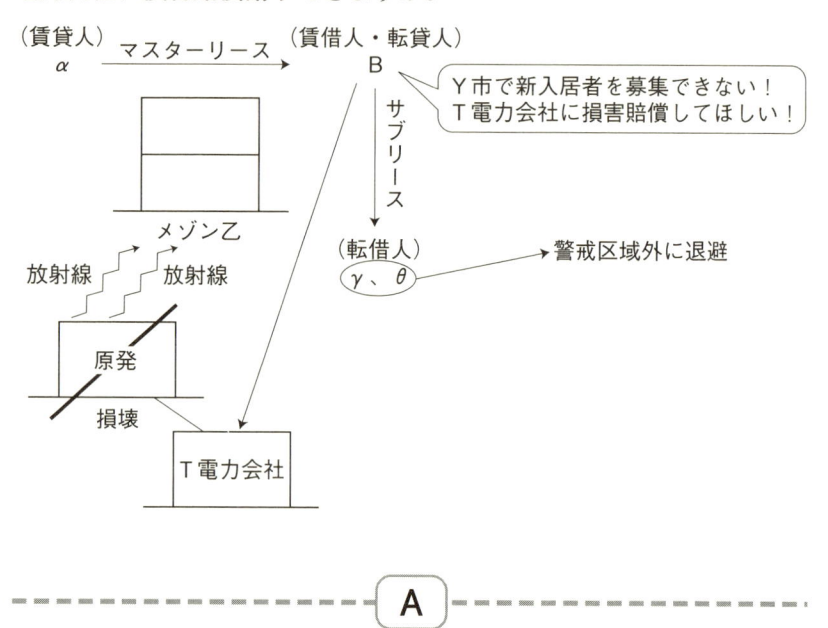

（賃貸人）α ──マスターリース──→ （賃借人・転貸人）B

Y市で新入居者を募集できない！T電力会社に損害賠償してほしい！

メゾン乙　放射線　放射線
原発　損壊
T電力会社

B ──サブリース──→ （転借人）γ、θ ──→ 警戒区域外に退避

## A

### 1　結　論

某県Y市でサブリース業を営めなくなったBの営業上の損害をT電力会社に損害賠償請求することができると思われます。

### 2　理　由

(1)　「原子力損害の賠償に関する法律」

a　民法による損害賠償請求の是非

BがT電力会社に損害賠償する方法としては、民法709条に基づく方法が考えられます。民法709条による場合、Bは、T電力会社の故意・過失や施設の瑕疵等の主張立証をしなければなりません。しか

し、原子力発電というのは、現代科学技術の最先端をいくものであって、原子力の専門家でないと、何が瑕疵で何が過失なのかということの立証等はきわめて困難であるといわざるをえません。これでは被害者の保護に欠けるでしょう。

b　原子力損害の賠償に関する法律

そこで、Bとしては、「原子力損害の賠償に関する法律」(以下、「原賠法」といいます) を利用するべきです。原賠法とは、原子力損害から被害者の保護を図るとともに、原子力事業の健全な発達に資することを目的とした法律です。

この目的を達成するため、原賠法は、原子力事業者の賠償責任を厳格とするべく、原子力事業者の責任を無過失責任 (たとえ過失・ミスがなくても責任を負うことをいいます) としつつ、免責事由をきわめて限定的なものとしました。Bは、以下でみるとおり、この原賠法によって、T電力会社に対して損害賠償請求をすることができるものと思われます。

なお、原賠法が適用されるときには、民法の規定の一部 (たとえば、民法709条) の適用が排除されるといわれています。

(2)　**原賠法3条1項**

a　Bは原賠法3条1項によってT電力会社に損害賠償を求めていくことになります。

原賠法3条1項は「原子炉の運転等の際、当該原子炉の運転等により原子力損害を与えたときは、当該原子炉の運転等に係る原子力事業者がその損害を賠償する責めに任ずる。ただし、その損害が異常に巨大な天災地変又は社会的動乱によって生じたものであるときは、この限りでない」と規定されております。

b　では、本問で原賠法3条1項の要件を満たすのでしょうか。

(a)　「原子炉の運転等の際」

原子炉の運転等とは、原賠法2条1項に規定されており、たとえば、原子炉の運転や核燃料物質の使用等や、さらにそれらに付随してする核燃料物質によって汚染された物の貯蔵等も含むとされます。

本問は「地震によって起きた津波の影響で、原発が損壊し、放射線もれ」が発生したというのですから、たとえば、核燃料物質の使用のために貯蔵してあったウランやプルトニウムといった核燃料物質の貯蔵庫が損壊し、その核燃料物質が外部に漏出したような場合だとすると、「原子炉の運転等の際」ということができるでしょう。

(b) また、T電力会社は、原子炉の設置許可を受けた者といえるでしょうから、「原子力事業者」に当たることも問題ないでしょう。

(c) 次に問題となるのは、Bが某県Y市でサブリース業を営めなくなった営業上の損害が、T電力会社の「原子炉の運転等により」与えられた「原子力損害」といえるかという点です。

まず、原子力損害とは、原賠法2条2項に定めがあり、核燃料物質の原子核分裂の過程の作用または核燃料物質等の放射線の作用もしくは毒性的作用により生じた損害をいいます。本問では、放射線が漏出した場合なのですから、「核燃料物質の原子核分裂の過程の作用又は核燃料物質等の放射線の作用」が生じたということができます。

そして、その「損害」とは、「原子炉の運転等」と相当因果関係（「あれなくばこれなし」といわれる事象のうち、相当と思われる範囲内にあることをいいます）にあるすべての損害を含むとされています。

では、本問においてBの「某県Y市でサブリース業を営めなくなった営業上の損害」と本問の「原子炉の運転等」とは相当因果関係があるでしょうか。

そもそもなぜBが某県Y市でサブリース業を営むことができなくなったのかというと、某県Y市が警戒区域に指定されることによって、同市でBが新たな入居者の募集が行えないことになったからです。警

戒区域に指定されると罰則をもって、その区域への立入りが制限されるのですから、Ｂがサブリース業を営めないというのは当然でしょう。それゆえ、このように警戒区域の指定とＢのサブリース事業が営めなくなったことには相当因果関係があるといえます。

　では、警戒区域の指定と放射線の漏出の因果関係はどうでしょうか。放射線を過剰に浴びると、吐気、嘔吐、全身倦怠、リンパ球の著しい減少が起き、ひどいときには死に至ります。また、被曝後長期間後には、がん、白血病、放射線白内障などが発症することも指摘されています。このように、放射線が人体に与える影響というのはきわめて有害であり、そのような放射線について異常な量の漏出があったときには、警戒区域に指定されてしかるべきものでしょう。それゆえ、警戒区域の指定と放射線の漏出には相当因果関係があると思われます。このように、放射線の漏出とＢがサブリース業を営めないことが、警戒区域の指定を通して１つの線で結ばれました。

　(d)　では、本問の震災でＴ電力会社は免責されるでしょうか。原賠法３条１項但書の「異常に巨大な天災地変」といえるかが問題となります。たとえば、大正12年の関東大震災は巨大ではあっても異常なものとはいえないとされています。この関東大震災を相当程度上回る震災であるときは免責されることになります。本問の震度は７ですが、震度７の地域は関東大震災の時もありました。この比較からすると、本問の震度７では、異常に巨大な天災地変とまではいえず、Ｔ電力会社は免責されないと思われます（ただし、本問は、津波のこともありますので、絶対に免責されないとは断定できません）。

ｃ　以上から、ＢはＴ電力会社に損害賠償請求できるでしょう。

第４章　サブリース関係に震災の与える影響　　131

# 第 5 章

# サブリース関係に倒産の与える影響

◇ケーススタディ◇

　当社（B）は、メゾン甲以外にもマスターリース契約を締結しており、現在、オーナー（A）と、東北のX市にあるA所有のビル（以下、「本問ビル」といいます）をAから借り受け、本問ビルを第三者（テナント）に転貸するというマスターリース契約を締結しています。このマスターリース契約では、空室の有無にかかわらず、当社（B）がオーナー（A）に月額200万円を支払うことになっています。このマスターリース契約の締結にあたり、当社（B）は敷金・保証金1,200万円をオーナー（A）に差し入れています。

　現在、当社（B）は、このビルの部屋のうち6部屋を、テナント6社に転貸するというサブリース契約を締結しています。テナント6社からは、各々、敷金・保証金として160万円を受け取っています。

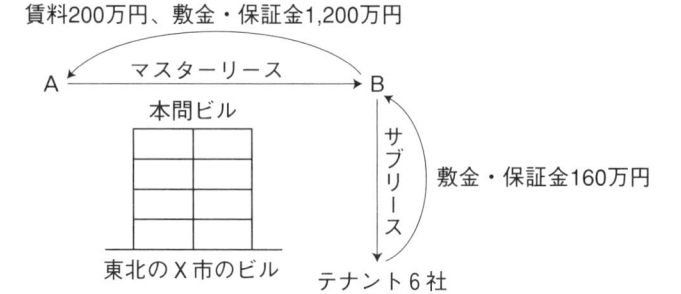

　このケースにおいて、①当社（B）は倒産せず、オーナー（A）が破産または民事再生する場合と②オーナー（A）は倒産せず、当社（B）が破産または民事再生する場合、③オーナー（A）も当社（B）も倒産せず、テナント1社が破産または民事再生する場合について、Q41～Q56の質問の回答を教えてください。

賃料200万円、敷金・保証金1,200万円

A ←マスターリース→ B

本問ビル

東北のX市のビル

B サブリース テナント6社

敷金・保証金160万円

# 第 1 節

## オーナー（A）が破産または民事再生する場合

**Q41** オーナー（A）は、本問ビルを建築するために銀行から融資を受けていました。その融資への返済金は、当社（B）からの賃料をあてにしていたようですが、地震が原因で本問ビルが倒壊してしまったために、オーナー（A）は銀行に対する返済金の原資を得ることができなくなりました。また、オーナー（A）は、銀行返済金以外にも、金融機関に負債を抱えていたようで、結局、破産手続開始の申立てを行い、先日、破産手続開始決定が出されました。破産管財人にはQという弁護士がつきました。

オーナー（A）に破産手続が開始されたことで、当社（B）とオーナー（A）とのマスターリース契約はどうなりますか。終了してしまいますか。

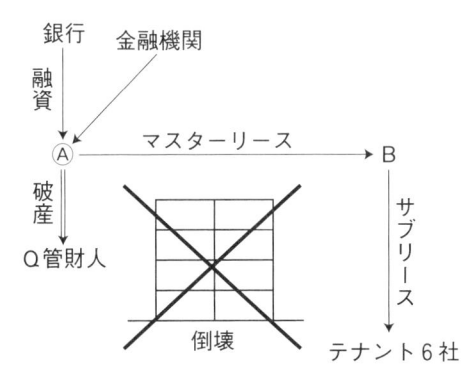

## A

### 1 結　論
　破産手続が開始されたことによって直ちにマスターリース契約が解除されるということにはなりません。また、破産手続開始決定後においても、Qは、マスターリース契約を解除することはできません。Bは、賃料をQに支払い続けることになります。

### 2 理　由
#### (1) 破産手続開始決定の効果
　破産手続開始決定がなされると、破産管財人Qが選任され、Aは本問ビルの管理や処分をすることができなくなり、Aの財産についてはすべて破産管財人Qが管理・処分を行うことになります。そのような法律上の効果が発生しますが、破産手続開始決定だけによってマスターリース契約が直ちに効力を失うということはありません。

#### (2) マスターリース契約の破産法上の扱い（Q17参照）
　マスターリース契約は基本的には建物賃貸借契約ということができますが、破産法上、建物賃貸借契約というのは、「双方未履行双務契約」に当たると考えられています。双方未履行双務契約とは、破産手続開始決定時において、契約当事者双方の債務がまだ履行されていない状態がある場合のことを指します。

　本問のマスターリース契約（建物賃貸借契約）では、賃貸人（A）の義務として、契約期間中に目的物をBにサブリース事業において使用収益させる義務がありますし、Bの義務としては、賃料支払や本問ビルの返還という義務が存在します。このような義務は、破産手続開始決定時に存在しており、未だ履行されていませんから、マスターリース契約（賃貸借契約）は双方未履行双務契約の場合に当たるといえます。

### (3) 破産手続開始決定後にマスターリース契約を解除できるか

　この双方未履行双務契約に当たるとされると、破産管財人は、その契約を解除するか、そのまま履行するかの選択をすることができるようになります（破産法53条1項）。これが双方未履行双務契約に関する破産法の原則です。そうすると、本問のマスターリース契約についていえば、Qがマスターリース契約を解除するか、そのままマスターリース契約を継続させるかの選択をすることができるようにも思われます。

　ところが、賃貸人の破産という一方的な事情によって、賃貸借契約が解除されてしまうと、建物を使用していた賃借人は、不意打ち的に不利益を受けることになります。そこで、破産法は、賃借人保護の観点から、賃貸人破産の場合には、そのような原則を修正しています。すなわち、賃借人が対抗要件を備えている場合には、破産管財人は解除できないと規定しているのです（同法56条1項）。簡単にいうと、賃借人が賃貸人から建物の引渡しを受けていれば、破産管財人は解除することはできないということです。

　では、本問ではQは解除できるのでしょうか。マスターリース契約では、実際にBが本問ビルを使用することはなく、Bは第三者に転貸するだけです。そのため、AからQへの引渡しはなかったと考えられなくもありません。しかし、ここでいう「建物の引渡し」とは観念的なものです（占有・支配の移転）。むしろ、Bが第三者に転貸するにはAから引渡しを受けていることが前提となっており、それをAも認めているのですから、AからBへの本問ビルの引渡しはあったと考えられると思います。したがって、本問では、Qは、AB間のマスターリース契約を解除することはできないことになり、マスターリース契約は存続し、Bは賃料をQに支払い続けることになります。

**Q42** ［Q41で本問ビルが倒壊したことを前提にして］
当社（B）は敷金・保証金を破産したオーナー（A）に差し入れていますが、この敷金・保証金については、当社（B）は少しでも多く回収したいと考えています。当社（B）としては、どのような手続をとることで、オーナー（A）から敷金・保証金を回収できますか。

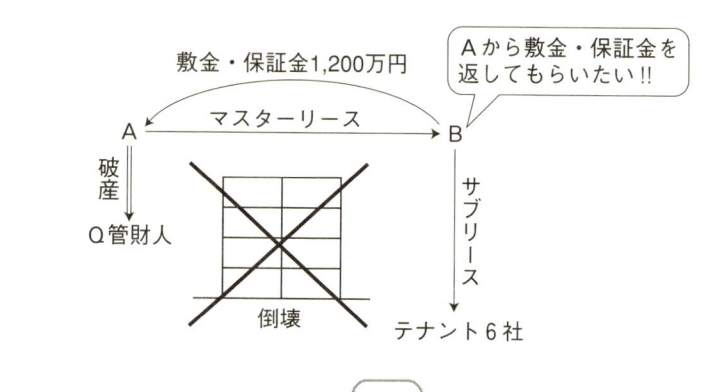

```
         敷金・保証金1,200万円         ┌─────────────┐
                                      │Aから敷金・保証金を│
                                      │返してもらいたい!!│
                                      └─────────────┘
    A ←――――――――――――――→ B
    │      マスターリース       │
 破産│   ┌──┬──┬──┐       │
    ↓   ├──┼──┼──┤       │サブ
   Q管財人├──┼──┼──┤       │リース
        ├──┼──┼──┤       │
        └──┴──┴──┘       ↓
           倒壊           テナント6社
```

---

**A**

## 1 結論

BはAに対して賃料を支払うときに、Qに対して寄託請求をするべきです。

## 2 理由

### (1) 敷金・保証金とは

賃貸借の締結に際し、賃借人が賃貸人に交付する金銭であって、賃借人が賃貸人に対し、賃借契約終了後明渡しまでに負う賃料および損害金等の債務を担保する性質を有する金銭をいいます。賃貸人は、賃借人の債務額を控除した残額を賃借人に返還する必要があります。このような金銭であるため、敷金・保証金は、建物の明渡し後に発生するものと考えられます。

本問ですと、BがAに対してマスターリース契約の終了後に、本問

ビルを明け渡した後に敷金・保証金返還請求権が発生することになります。

(2) **敷金・保証金の破産法上の扱い**

　Bの有する敷金返還請求権は、賃貸借契約終了後に建物を明け渡した後にBのA（Q）に対する債務を控除して残額があるときにはじめて発生します。それゆえ、破産法上、BのA（Q）に対する敷金・保証金返還請求権は破産債権となります。破産債権となるとまず全額を回収することは難しくなります。なぜなら、破産債権とは破産者の財産から破産債権額に応じた比例配分によってしか弁済を受けられなくなるうえ、免責もされるものだからです。

(3) **Bが敷金・保証金をできるだけ多く回収するには**

　破産債権となると、破産配当の対象とはなりますが、Bは敷金・保証金のほとんどを回収することができなくなります。

　そこで、Bとしては、BがA（Q）に対して負う賃料債務と敷金・保証金返還請求権とを相殺することも考えられます。これが可能であれば、Bは敷金・保証金の多くを回収することができます。しかし、上記のように、敷金・保証金返還請求権は、AB間のマスターリース契約が終了した後、本問ビルをBがAに明け渡した時に発生するものです。つまり、Bが多くの敷金を回収するには、マスターリース契約関係を解消しなければならないことになります。

　しかし、これではサブリース事業を営むBにとって、著しく不利益になります。Aの破産という一方的な都合によってBのサブリース事業が営めなくなるという結論も不合理でしょう。

　このような場合に備えて、破産法は寄託請求という制度を規定しています（破産法70条）。そこで、Bとしては、この制度を利用して、賃料をA（Q）に支払う時に、寄託請求をするのがよいと思われます。

すなわち、Bは、その賃料の弁済額の寄託を請求することによって、敷金・保証金返還請求権が現実に発生した場合（つまり、マスターリース契約が終了して、本問ビルをAに明け渡した場合）に寄託金分を優先的に回収することができます。

(4) 上記(3)の寄託請求をしなかった場合

では、Bが寄託請求をしなかった場合、敷金・保証金返還請求権を回収するには、どうしたらよいでしょうか。

この場合には、敷金・保証金返還請求権を破産債権として届け出ることになります。この届出にあたっては、マスターリース契約が終了し、本問ビルをBがA（Q）に明け渡す必要はありません。

そして、破産手続の進行において、最後配当（要は、破産手続内で弁済を受けることのできる最後の機会という意味です）に関する除斥期間（その期間内に届出をしないと弁済を受けられなくなる期間をいいます）満了までに、敷金・保証金返還請求権を具体的に発生させれば（つまり、マスターリース契約を終了させ、本問ビルをBがA（Q）に明け渡せば）、破産手続の最後配当において、いくらかの金銭が配当されることになります。

しかし、その除斥期間満了までに、ＡＢ間のマスターリース契約が終了せず、本問ビルをBがA（Q）に明け渡さない場合には、配当を受け取ることはできません。

(5) 以上でみたように、Bが寄託請求をしたかどうかで敷金・保証金の回収額が大きく変わりますので、必ず寄託請求をするべきでしょう。

**Q43** ［本問ビルが地震によって倒壊したことを前提にして］
オーナー（A）が選択した手続が民事再生であった場合について教えてください。

オーナー（A）に民事再生手続が開始されたことで、当社（B）とオーナー（A）とのマスターリース契約はどうなりますか。終了してしまうのですか。

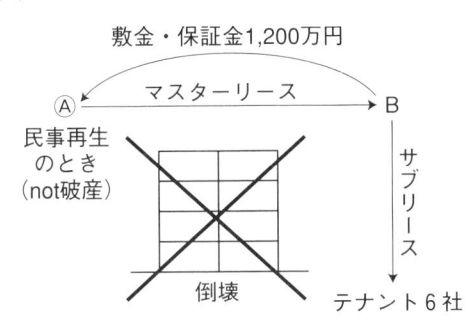

敷金・保証金1,200万円
Ⓐ　マスターリース　→　B
民事再生のとき（not破産）
倒壊
サブリース
テナント6社

---

**A**

### 1　結　論

民事再生手続が開始されたとしても、マスターリース契約は終了しません。

また、民事再生手続開始後にも、マスターリース契約が終了することはありません。

### 2　理　由

#### (1)　民事再生手続開始決定の効果

民事再生手続開始決定がなされると、Aは「再生債務者」という地位につき、民事再生手続開始決定前と変わらず、Aがマスターリース契約をどうするか、本問ビルをどうするかといったことを決定するのが原則です（この点が破産手続と大きく異なります）。

以上のような法的効果が発生しますが、Aの民事再生手続開始決定

第5章　サブリース関係に倒産の与える影響　141

によって、当然にマスターリース契約が終了するということにはなりません。

(2) **マスターリース契約の民事再生法上の扱い**（Q18参照）

これについては、破産法と同様に、双方未履行双務契約と扱われることになります。もっとも、民事再生手続では、原則として、再生債務者Ａが双方未履行双務契約を解除するか、履行選択をするかを決定します。

しかし、建物賃貸借契約において、賃貸人に民事再生手続開始決定がなされた場合に、建物の引渡しを受けた賃借人に対し、その解除権が制限されるという点では、破産手続と同じです。

それゆえ、本問も、Q41と同様に、マスターリース契約が解除されることはなく、ＢはＡに賃料を支払い続けることになります。

**Q44** ［Q43でAが民事再生手続を選択したことを前提にして］

当社（B）は敷金・保証金を民事再生手続中のオーナー（A）に差し入れていますが、当社（B）は、この敷金・保証金については、少しでも多く回収したいと考えています。当社（B）が、オーナー（A）から敷金・保証金を回収するためには、どのような手続をとることが必要ですか。

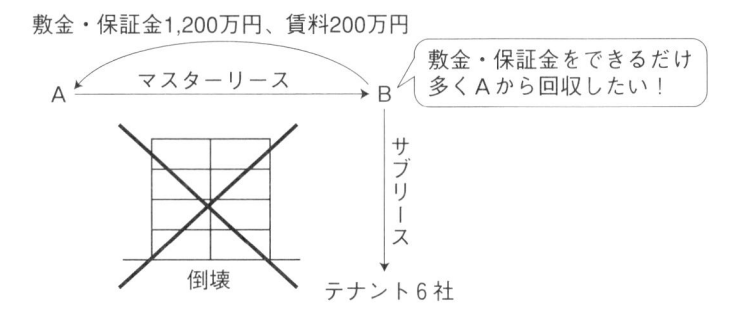

敷金・保証金1,200万円、賃料200万円

A ←マスターリース→ B

敷金・保証金をできるだけ多くAから回収したい！

倒壊

B →サブリース→ テナント6社

---

A

## 1　結　論

Bは、Aから賃料の6カ月分である1,200万円の敷金・保証金相当額の金銭の弁済を受けることができます。

## 2　理　由

**敷金・保証金に関する民事再生手続での扱い**

民事再生手続では、破産手続と異なり、賃料弁済の際の寄託請求という制度はありません。すなわち、民事再生手続では、手続開始後に現に弁済された賃料は、再生債務者（A）の事業継続のための運転資金に使えるほうが望ましいとの観点から、破産手続とは異なり、寄託をせずに再生債務者（A）が使用できることとしました。

しかし、AがBからの賃料を使用できるとしたうえで、何の保護も

Bに与えないとすると、Bは敷金・保証金をほとんど回収できなくなってしまいます。なぜなら、敷金・保証金は（本来的には）再生債権となり、権利変更を受ける予定の債権だからです。なお、再生債権とは、「○○％カット」といわれるように、その多くがカットされてしまい、全額の回収がまず望めなくなる債権をいいます。

　このような結論は非常に不合理です。というのは、上記のケーススタディにあるように、Bは賃料200万円を毎月支払うことでAの事業再建の基礎となる資金繰りに貢献したといえるのに、BがAに交付していた敷金・保証金は戻ってこないことになるからです。

　そこで、民事再生法は、敷金・保証金については賃料6カ月分を上限として共益債権となると規定しました（それ以上の分は再生債権となります）。共益債権となれば、随時弁済を受けることができ、再生債権のような「○○％カット」ということもないので、再生債権よりもずっと多く回収できます。本問におけるBのAへの賃料は200万円で、敷金・保証金は1,200万円でちょうど6カ月分です。そのため、1,200万円全額が共益債権となるため、BはAから1,200万円の弁済を受けることができることになります（Q20参照）。

## Q45

［本問ビルが地震が原因で倒壊したことを前提にして］

当社（B）はオーナー（A）に対して、敷金・保証金のほかに、AB間のマスターリース契約の対象であるビルの建設のために建設協力金1,500万円を渡していました。

このような場合において、当社（B）がオーナー（A）に支払った建設協力金を回収するにはどのようにしたらよいですか。建設協力金の弁済期はすでに到来しています。

オーナー（A）が破産手続を選択した場合と民事再生手続を選択した場合の2つの場合について教えてください。

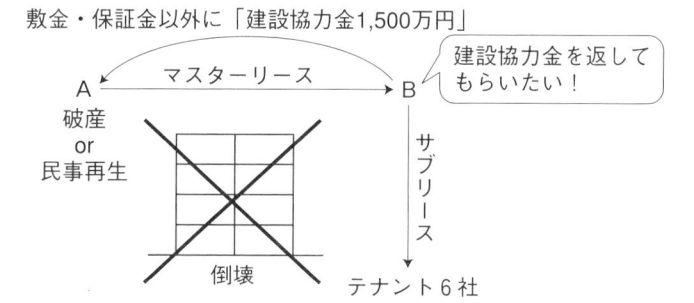

敷金・保証金以外に「建設協力金1,500万円」

A　マスターリース　→　B　建設協力金を返してもらいたい！
破産 or 民事再生　　　　サブリース
　　　倒壊　　　　　　テナント6社

## A

### 1　結　論

Aが破産手続を選択した場合には、1,500万円に満つるまで建設協力金と賃料とを相殺するべきでしょう。

Aが民事再生手続を選択した場合には、BはAへの6カ月分の賃料1,200万円の限度で建設協力金と相殺をしたうえで、残りの300万円を再生債権として届け出るべきでしょう。

### 2　理　由

#### (1)　建設協力金とは

建設協力金と敷金・保証金とは同じものと扱われることもあります

が、本問では①敷金・保証金とは「別に」建設協力金の定めがあり、②弁済期についても別途定められているため、本問では建設協力金と敷金・保証金は別個のものと考えることができます。

　そして、本問の場合の建設協力金とは、マスターリース契約の対象ビルの建設資金に充てるためにあらかじめビル借受希望者（サブリース業者）からオーナーに一定期間経過後の返還を約して交付される金銭をいいます。それゆえ、その実質は金銭消費貸借契約です。

　そのため、Ａが破産した場合であれば破産債権になりますし、Ａが民事再生手続を選択した場合には再生債権になります。

### (2) 賃料と建設協力金の相殺

　このように破産債権や再生債権となるとすると、ＢはＡからそのほとんどの回収が不可能となってしまいます。

　では、Ｂとしては、どのようにすれば、建設協力金1,500万円の回収をすることができるでしょうか。

　それは、ＢがＡに対して負う月額200万円の賃料と相殺をしてしまうことが考えられます。この相殺が可能であれば、建設協力金1,500万円を全額回収することができます。

　問題は、このような相殺が倒産手続を開始したＡに対してもできるかどうかです。

### (3) Ａが破産手続を選択した場合

　この場合には、Ｂは無制限に相殺ができるとされています。

　少し前の破産法では相殺可能な範囲を限定しておりました。しかし、近年の改正によってそのような制限は撤廃されました。

　それゆえ、Ｂは建設協力金1,500万円に満つるまで、月額賃料200万円を相殺することができることになります。

　これによって、Ｂは建設協力金1,500万円の全額の回収が可能となります。

⑷　Aが民事再生手続を選択した場合

　他方、Aが民事再生手続を選択した場合には、その相殺には制限がかかります。すなわち、Bは、Aの民事再生手続開始決定後にその弁済期が到来するべき賃料債務については、再生手続開始時における賃料200万円の6カ月分に相当する1,200万円を限度として、相殺することができるとされているのです（民事再生法92条2項）。要は、Bは賃料6カ月分の1,200万円までしか相殺できず、残りの300万円は再生債権として届け出る必要があるということです。民事再生手続においてこのような扱いとなっているのは、民事再生のような事業再建を目指す手続では、相殺によって賃料収入の得られないことが再生の妨げになることを考慮したためであると説明されています。Aが民事再生手続を選択した場合には、この相殺によって最も多く建設協力金の回収を図ることができます。

　なお、Bが賃料6カ月分を建設協力金と相殺してしまうと、Q44で述べた敷金・保証金の共益債権化が生じなくなります（民事再生法92条3項カッコ書）。敷金・保証金については、賃料6カ月分までしか優先権を主張できないというのが民事再生法の定めです。

## 第 2 節
## サブリース業者（賃借人・転貸人）Bが破産または民事再生した場合

**Q46** 今回の地震の影響で、X市内で新入居者を募集することが困難となり、当社（B）のサブリース事業は行き詰まってしまいました。X市内の事業が主立った収入源であったためです。

結局、当社（B）は破産をするほか方法がなくなりました。

当社（B）が破産するとした場合、オーナー（A）とのマスターリース契約、テナントとのサブリース契約はどうなりますか。

［なお、本問および以下のQでは、本問ビルが倒壊していないことが前提です］

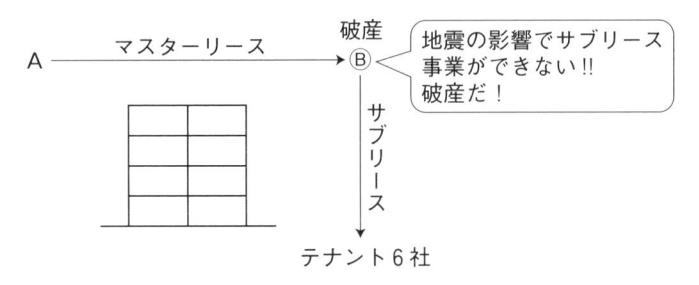

```
                    破産
A ──マスターリース──▶ Ⓑ    地震の影響でサブリース
                    │      事業ができない!!
  ┌──┬──┐         │サ     破産だ！
  ├──┼──┤         │ブ
  ├──┼──┤         │リ
  └──┴──┘         │ー
                    ▼ス
                 テナント6社
```

──────────── A ────────────

## 1 結　論

Bの破産によってAとのマスターリース契約およびテナントとのサブリース契約が直ちに終了することはありません。

Bの破産管財人はテナントとのサブリース契約を解除することはできませんが、Aとのマスターリース契約を解除することはでき、結果

として、Bはテナントに対する賃貸人たる地位から外れることができます。

Bの破産管財人がマスターリース契約を履行することを選択した場合には、破産手続開始決定前のBの未払賃料は敷金・保証金に当然充当され、敷金・保証金額以上について破産債権になりますが、破産手続開始決定後のAの賃料債権は財団債権になります。なお、財団債権とは破産債権と異なり、随時の弁済が受けられるものですから、破産債権よりも多額の回収ができます。

## 2　理　　由

### (1)　破産手続開始決定の効果

すでに述べてきたように、破産手続開始決定がBにあった場合には、Bは自身の財産の管理・処分ができなくなり、Bの破産管財人が管理・処分することになります。この限度でしか法的な効果は生じないため、破産手続開始決定によってマスターリース契約やサブリース契約が直ちに効力を失うことにはなりません。

### (2)　破産管財人による解除について

a　破産手続における賃貸借契約の解除について（Q17参照）

すでに述べてきたように、マスターリース契約もサブリース契約も双方未履行双務契約に該当しますから、破産管財人が解除権を有することになります。そして、これもすでに述べたように、賃貸人破産の場合には、建物の引渡しを受けている賃借人に対して、破産管財人は解除権を行使できません。逆に、賃借人破産の場合には、賃借人の破産管財人は賃貸借契約を解除できます。

Bはテナントとの関係では賃貸人ですから、破産管財人はサブリース契約を解除することはできません。そして、Aとの関係ではBは賃借人であるから、破産管財人はマスターリース契約を解除することはできます。

b　破産管財人がマスターリース契約を解除した場合

(a)　サブリース契約への影響

では、破産管財人がAとのマスターリース契約を解除した場合、テナントとBとの間のサブリース契約はどうなるでしょうか。

1つの考え方としては、サブリース契約とはマスターリース契約を前提としているのだから、その前提が崩れることになる結果として、サブリース契約も終了するというものです。

しかし、このような結論というのは、賃貸人Bが破産した場合にテナントとの賃貸借契約を解除できないとした破産法の趣旨に反することになるため、妥当ではないでしょう。

ただ、他方で、Aとの関係ではBは賃借人なのですから、マスターリース契約を解除できるはずです。

そこで、結論的には、Bの破産管財人はAとのマスターリース契約を解除することができるが、その解除の効力はテナントに「対抗することができない」と考えるべきでしょう。

(b)　「対抗することができない」の意味

では、この「対抗することができない」とは、どういう意味なのでしょうか。

これについてはいろいろな考え方があります。もっとも、現在有力な考え方というのは、原賃貸借契約の賃貸人が、転貸借契約における転貸人の地位を引き継ぐというものです。

法律関係をいたずらに複雑化させるのを防ぎつつ、契約当事者にとって最も不利益が生じない解釈としては、最も妥当な考え方であると思われます。

本問でいえば、Bはテナントに対して賃貸人（転貸人）の地位にあるところ、原賃貸借契約たるマスターリース契約の賃貸人であるAがそのBの地位を引き継ぎ、結果として、テナントの賃貸人はAになる

ことになります。Bは、この一連のマスターリース契約・サブリース契約から抜けることになります。

### (3) 破産管財人がマスターリース契約履行の選択をした場合

Bの破産管財人がマスターリース契約を解除せず、履行するとの選択をした場合、賃料と敷金・保証金返還請求権は以下のようになります。

まず、BがAに対して破産手続開始決定前に未払賃料がある場合、AのBに対する未払賃料債権は破産債権となります。

ただし、本問ではBはAに1,200万円の敷金・保証金を差し入れています。未払賃料は当然に敷金・保証金に充当される結果（要は、何の意思表示なくして、未払賃料分の敷金・保証金返還債務が控除されるということです）、そもそも未払賃料は発生しないとするのが判例です。

したがって、Bの未払賃料額が1,200万円以下の場合には、BがAに交付した敷金・保証金に当然充当されるので、破産債権として発生することはありません。しかし、Bの未払賃料額で1,200万円を超える部分については、破産債権となります。したがって、その1,200万円を超える部分について、Aは破産債権として届け出る必要があります。債権届出期間（その期間内に債権がある旨を届け出ないと破産手続上、債権者と認めてもらえなくなる期間をいいます）を過ぎないように注意しましょう。

そして、破産手続開始決定後のBのAに対する賃料債権は財団債権となります。財団債権となると、破産手続によらずに、随時に破産管財人から弁済がなされます（破産法2条7項）。とはいえ、手続をすみやかに進行させるためにも、AはBの破産管財人に対して、財団債権を有する旨を届け出るべきでしょう。

**Q47** ［Q46でBが破産したことをふまえて］
オーナー（A）と当社（B）とのマスターリース契約には、「Bに破産手続開始決定や民事再生手続開始決定があった場合には、Aは直ちにマスターリース契約を解除することができる」との条項がありました。このような条項に基づいてオーナー（A）が解除してきた場合、当社（B）は応じなければならないのですか。

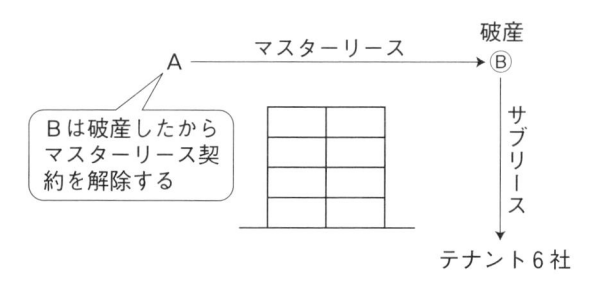

A ─── マスターリース ───→ ⓑ 破産

Bは破産したからマスターリース契約を解除する

サブリース
↓
テナント6社

── A ──

## 1 結　論

応じる必要はありません。

## 2 理　由

賃貸借契約においては、「賃借人の破産手続開始決定や民事再生手続開始決定があった場合には、賃貸人は直ちに賃貸借契約を解除することができる」との趣旨の条項（倒産解除条項などといわれることがあります）が盛り込まれていることがあります。では、本問において、このような条項が盛り込まれていた場合、AはBに対してマスターリース契約を解除できるでしょうか。

倒産手続との関係で、倒産解除条項が有効か無効かという点についてはさまざまな見解があります。

しかし、近時の裁判例では、このような倒産解除条項の効力を破産手続との関係で無効としたものがあり、民事再生手続や会社更生手続

を含めた倒産手続との関係で倒産解除条項の効力に関する一連の判例をみると、倒産手続全体との関係で倒産解除条項の効力は否定される傾向があるものと思われます。

　このような倒産解除条項は、法律が破産管財人に認めた解除するか履行するかの選択権を制限するものですから、破産手続との関係でも無効とするべきでしょう。

　したがって、本問において、かりに倒産解除条項が締結さており、それに基づいてAが解除を主張してきたとしても、倒産解除条項は破産手続において無効ですから、そのような主張は認められないものと考えられます（Q17参照）。

**Q48** ［Q46でＢが破産したことをふまえて］
当社（Ｂ）の破産管財人Ｓは、オーナー（Ａ）とのマスターリース契約を解除するとの選択をしました。当社（Ｂ）がオーナー（Ａ）に差し入れている敷金・保証金はどうなりますか。

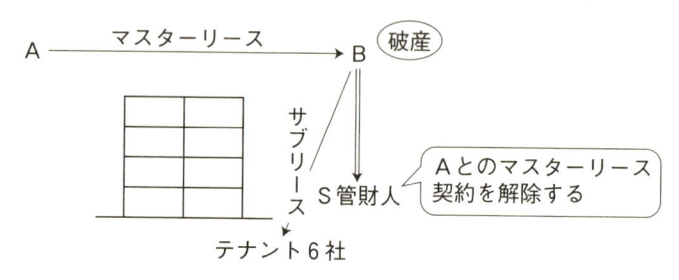

```
A ──マスターリース──→ B  破産
            │
     サブリース│          ┌──────────────┐
            │          │Aとのマスターリース│
            ↓S管財人 ←─│契約を解除する    │
      テナント6社        └──────────────┘
```

──────────── Ａ ────────────

## 1 結　　論

破産管財人ＳはＡに対して敷金・保証金返還請求をすることができると思われます。

## 2 理　　由

### (1) 通常の賃貸借契約の場合

本問を理解する前提として、まず、本問がマスターリース契約という転貸を予定している賃貸借契約ではなく、通常のＡＢ間のみの建物賃貸借契約の場合（つまり、第三者に転貸していない場合）において、いつ敷金・保証金返還請求権が発生するのかを説明します。

a　敷金・保証金とは

敷金・保証金は、賃借人の債務不履行がなければ全額を、不履行があれば延滞賃料や損害金を控除した残額を、返還する約定のもとに、賃借人から賃貸人に預け入れられる金銭をいいます。すなわち、賃借人が賃貸借契約に関する賃貸人に対する債務を担保するための金銭です。

b　敷金・保証金の発生時期とは（原則）

　敷金・保証金返還請求権がいつ発生するかにについては、2つの考え方があります。1つは、賃貸借契約の終了時とする考え方（「終了時説」といいます）です。もう1つは、賃貸借契約終了後に建物を明け渡した時（「明渡し時説」といいます）とする考え方です。

　判例や一般的な考え方は、明渡し時説、つまり、賃貸借契約終了後に建物を明け渡した時に敷金・保証金返還請求権は発生すると考えています。

c　通常のＡＢ間のみの建物賃貸借契約の事案の場合の敷金・保証金の発生時期

　本問が、上記のようにＡＢ間だけの建物賃貸借契約である場合には、Ｂが本問ビルをＡに明け渡した時に、敷金・保証金の返還を求めることができることになります。

(2)　**本問のようなマスターリース契約の場合**

a　では、Ｂの破産管財人Ｓがマスターリース契約を解除して、ＡＢ間のマスターリース契約は終了し、Ａがテナントに対する賃貸人たる地位を承継した場合についても、上記の原則と同様に考えることができるのでしょうか。

b　「敷金・保証金は解除時に発生する」と考えるべき

　「明渡し」とは、通常、「本問ビル内の存置物を全部搬出し、中身を綺麗にして引き渡すこと」をいうと思います。

　そうすると、①Ｂの破産管財人Ｓの解除によってＡＢ間の賃貸借契約は終了し、②テナントが本問ビルの存置物をすべて搬出して、本問ビルを綺麗にしてＡに引き渡した後に、初めてＢのＡに対する敷金・保証金返還請求権が発生することになりそうです。

　しかし、このような結論は妥当ではありません。ＢがＡに交付した敷金・保証金は、ＢのＡに対する債務を担保するものですから、ＡＢ

間の賃貸借契約が解除により終了し、BがAの賃借人でなくなった以上、それ以降、BのAに対する債務は発生しないのですから、Bから渡された敷金・保証金をAが以後も保持している理由はありません。解除された以降は、AはBに対して、敷金・保証金を返すべきです。

なお、BのAに対する原状回復義務は発生するのですから、その原状回復義務を担保させるために、BがAに交付した敷金・保証金をAが保持し続ける理由があるという指摘もあるかもしれません。しかし、マスターリース契約（賃貸借契約）を解除することによって、「賃貸人であるAが、賃借人・転貸人Bの地位を引き継ぎ、以後はAとテナントとの賃貸借契約になる」という場面では、BのAに対する原状回復義務は発生しないのは当然でしょう。なぜなら、Bに原状回復義務が発生することになると、Bはテナントを排除して、本問ビルをAに明け渡すことになりますが、それでは、AがBの転貸人たる地位を引き継ぎ、テナントに対する賃貸人となる理由がなくなってしまうからです（つまり、Aは、Bの破産管財人Sの解除によって、Bの賃貸人の地位を受け継ぎ、テナントに対する賃貸人となるのに、Bに本問ビルの原状回復義務を負わせて、BにCを排除させるというのは明らかに矛盾であるということです）。なお、「Bの破産管財人Sによるマスターリース契約の解除によって、Bが、Aとの賃貸借契約、テナントとの転貸借契約から抜け、AがBのテナントに対する賃貸人たる地位を承継すること」については、Q46の「2・(2)・b・(b)」を参照してください。

それゆえ、Bが解除をした時点で、Aに対する敷金・保証金返還請求権が発生し、AはBに敷金・保証金を返さなければならなくなるというべきです。

c　理論構成

問題は、そのような結論をどのように導くかです。

(a) 終了時説

1つの考え方としては、「そもそもマスターリース契約における賃借人であるBのオーナーに対する敷金・保証金返還請求権は、マスターリース契約終了時に発生する」というものです。これは、マスターリース契約の場合には上記の「終了時説」を採用すべきというものです。つまり、判例は一般的に「明渡し時説」をとっているが、これは、二当事者の賃貸借契約を前提としている場合に限るのであって、マスターリース契約・サブリース契約という三者間の契約を想定したものではないと考えます。

(b) 明渡し時説を前提とする考え方

もう1つの考え方は、「明渡し時説」を前提としながらも、B（S）による解除と同時に明渡しもあったのだと考えるものです。Bは単にマスターリース契約という賃貸借契約、サブリース契約という転貸借契約の連鎖的な契約関係からはずれるだけですから、そもそも物理的に「明渡し」というものが観念できないから、「終了」と同時に「明渡しもあったのだ」と考えるのです。

(c) どのように考えるべきか

結論は同じなのですから、以上のような法律の理論にこだわる必要はないと思われます。

ただ、本来、賃貸借契約の「明渡し」とは、「賃貸物件のなかの物品を取り除き、居住者を立ち退かせて、目的不動産に対する完全な直接的支配を回復することをいう」とされるため、後者の「明渡し時説を前提とする考え方」は、そのような「明渡し」の意味から少々離れているのではないかと思います。

(3) 以上を前提とすると、マスターリース契約に際し、BがAに対して敷金・保証金を交付していた場合において、Bの破産管財人Sがマスターリース契約を解除したときは、その解除とともに、敷金・保

証金返還請求権が発生すると考えるべきでしょう。

なお、上記の議論は、あくまでも「解除という一方的に契約関係を終了させる場合」を前提としたものです。

たとえば、本問においてＡとＳが「合意によってマスターリース契約を解除した場合」には、その合意のなかに、敷金・保証金の返還についての定めを通常盛り込みますし、仮に盛り込まなかったとしても、黙示的に解除と同時に敷金・保証金返還請求権が発生することをＡとＳが合意していたとも考えることができ、本問のような問題は生じないと思われます。

**Q49** 当社（B）に破産手続が開始され、オーナー（A）との間のマスターリース契約が解除された場合、テナントが当社（B）に差し入れている敷金・保証金はどうなりますか。当社（B）が返済しなければならないのですか。

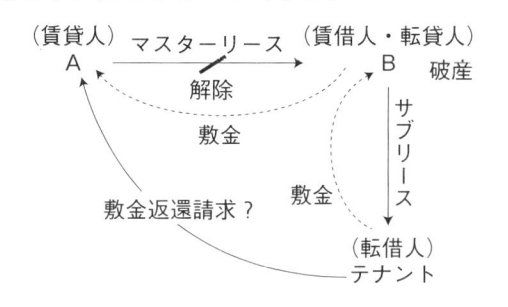

```
         （賃貸人）マスターリース（賃借人・転貸人）
              A ───────────→ B  破産
                ←┄┄┄解除┄┄┄
                ←┄┄┄敷金┄┄┄      サ
                                  ブ
                                  リ
                                  ー
                       敷金        ス
           敷金返還請求？          ↓
                              （転借人）
                ←─────────── テナント
```

― A ―

### 1　結　論

テナントがBに差し入れていた敷金・保証金は、Bについて破産手続が開始され、マスターリース契約が解除された後であっても、Bがテナントに対して返還しなければなりません。

### 2　問題の所在

サブリース関係においてBの破産管財人が、破産法53条に基づき原賃貸借契約を解除した場合の賃貸借関係の帰趨についてはQ46で解説したとおりです。それでは、かりにAがBの地位を承継すると考えた場合、Aは、テナントがBに差し入れていた敷金（保証金）返還債務も承継するのでしょうか。

### 3　敷金返還債務の承継に関する判例法理

(1)　まず、上記問題の前提として、破産や民事再生を離れた平時において、賃貸借当事者の地位の交代があった場合に敷金返還債務は承継されるでしょうか。これについては、判例上、次のように考えられています。

(2) 賃貸人の地位の移転の場合

まず、賃貸不動産の所有権の譲渡等によって賃貸人の地位が移転した場合、明示的に承継を否定する合意がない限り、敷金返還債務は新賃貸人（新所有者等）に承継されます（最判昭44・7・17民集23巻8号1610頁）。

これは、①敷金は賃貸借契約に基づいて賃貸人が賃借人に対し取得する債権を担保するものであり、主である賃貸人たる地位が移転すれば、敷金も付従性・随伴性から移転すると考えるべきこと、②未払賃料等を敷金によって差引計算できるという賃借人の期待利益を保護すべきであること、および、③譲受人としては賃貸物件を譲受する際に敷金の有無について確認でき、肯定しても不測の不利益を与えるものではないこと（実務では、通常、譲受人が賃貸人の負担している敷金債務の額を不動産の売買代金から差し引くことがよく行われています）の諸点に基づくものと理解されています。

(3) 賃借人の地位の移転の場合

次に、賃借人の地位が移転した場合は、三当事者間に明確な合意のない限り、敷金返還請求権は新賃借人には承継されません（最判昭53・12・22民集32巻9号1768頁）。

これは、①敷金は旧賃借人が賃貸人に対して負担しうる債務を担保する趣旨で交付されているのであり、新賃借人の債務まで負担するものではないこと、および、②賃貸人は賃借権の譲渡を承諾する際に新賃借人から新たに敷金を差し入れさせればよいから、承継させないとしても不測の不利益を被るものではないことに基づくものと理解されています。

4 上記2の問題についての2つの考え方

(1) 承継を肯定する考え方

a 理論面

承継肯定説の理論的根拠は、以下のように考えられます。

すなわち、Bの破産管財人が破産法53条によってマスターリース契約を解除した場合について、地位の承継を肯定する立場は、（諸説あるものの）Bの地位をAが引き継ぐものと理解しています。これをテナントの立場からすると、自分にとっての賃貸人がBからAに変更したようにみえるでしょう。このように、本問を賃貸人の地位の移転の一類型と考えれば、上記の3の(2)の場合と同様に考えることができ、敷金返還債務もAに承継されると考えることが可能です。

b　利益衡量

肯定説には、敷金返還債務の承継を否定するとテナントに酷であるという考慮があると思われます。すなわち、Bが破産した場合、テナントは敷金返還請求権を破産債権として請求しうるにすぎない地位となりますが、破産債権者は比例弁済原則に基づいて各破産債権者の債権額に応じた配当を受けうるにすぎないため（破産法194条2項）、テナントはBから敷金を満足に回収することは困難です。このようなテナントの不利益を重視すれば、Aに敷金返還債務を負わせるべきことになるでしょう。

(2)　**承継を否定する考え方**

a　理論面

(a)　賃貸人の地位の承継の事案と同視することはできない

まず、否定説は、上記の3の(2)の場合（賃貸人の地位の移転の事案）と本問とを同視することはできないと考えます。たしかに、賃貸人の地位の移転において通常予定されているケースは、旧賃貸人と新賃貸人との合意によって賃貸目的物の所有権が移転した事例ですから、Bの破産管財人が破産法53条によって解除し原賃貸借契約（マスターリース）が終了した結果、地位の承継が起こった事例とは大きく異なります。

(b) 敷金返還請求権を信託財産と理解する構成は困難

かりに、Bが、テナントからBに差し入れた敷金をそのままAに差し入れている事例を想定した場合、敷金返還請求権を信託財産と理解することができれば、テナントによるAに対する敷金返還請求権の行使を理論的に根拠づけることができます。

この点について、判例は、「一般的に賃貸借契約とこれに基づく転貸借契約とは別個のものであり、転貸借契約に基づき転貸人に交付された敷金を、転借人の信託財産として転貸人が管理していることは通常観念できない」と判示したうえで、原賃貸借関係における敷金返還請求権について、転借人を委託者兼受益者、原賃借人を受託者とする信託財産であると認定できるような特段の事情を検討し、問題となった事案においては、転借人と原賃借人との間で原賃貸人に対する敷金返還請求権が分別管理されることが予定されていたとはいえず、また、転貸人の介在が形式的なものであるという事情もないことから、信託財産としての認定を否定しています（大阪高判平20・9・24判タ1290号284頁。なお、この判例は、平成19年9月30日に施行された新信託法のもとでも基本的に妥当するものと考えます）。

この考え方からすると、信託財産という理論構成によって敷金返還債務の承継を肯定することも困難といえます。

b 利益衡量

否定説の考え方は、敷金返還債務の承継を肯定することは利益衡量上妥当でないことを根拠としています。

まず、①承継を肯定すると、テナントが不当な利益を受けるという考慮があります。すなわち、本来、Bが破産手続を開始した場合、テナントは、敷金返還請求権を破産債権として行使しうるにすぎない地位にあります。かりに敷金返還債務の承継を肯定すると、テナントがAから平時と同様に債権回収できることになってしまい、他の破産債

権者と比較して不当な利益を受けるという問題が発生します。

次に、②承継を肯定するとAが不測の不利益を被ることも、否定説の論拠となります。Bの破産、およびこれに引き続く破産法53条による解除はAによって予測しえないことですから、これによってテナントに対する敷金返還債務が当然に承継されると考えることは、Aに不測の不利益を与えるものといえます。

さらに、③テナントが賃料を弁済する場合には、その債権額を限度としてBの破産管財人に対し寄託を請求することができ（破産法70条後段）、この結果、テナントは賃料支払のたびに寄託を請求し、建物を明け渡す際に発生した敷金返還請求権の限度で寄託されていた額の返還を破産管財人に請求することができるのですから、敷金返還債務の承継を否定しても、テナントにとってそれほど酷とはいえないでしょう。

## 5　承継否定説が妥当

理論的には、肯定する考え方も否定する考え方も、いずれも成り立ちうると思われます。しかし、この問題の本質は、Bが破産した場合に生じる不利益をAとテナントのどちらに負担させることが妥当かという価値判断にあると考えられ、利益衡量上のバランスから、否定説が採用されるべきであると考えます。

なぜならば、肯定説の立場は、破産法の基本的な価値判断に反する結果となると思われるからです。すなわち、破産法は、敷金返還請求権について、「破産債権として扱い、ただ寄託請求がされた場合に保護する途を開く」という価値判断をしているわけですが、敷金返還債務の承継を肯定した場合、前述したようにテナントが平時の債権としてAから満額の回収をなしうることになり、これでは、民法等の特別法である破産法の基本的な価値判断と矛盾する結果となってしまうからです。

この点については最高裁判所による統一的判断が求められるところですが、いまだなされてはおりません。現段階においては、以上の検討から、承継否定説が妥当と考えます。
　よって、本問において、テナントが差し入れた敷金・保証金は、Ｂが返済しなければなりません。

**Q50** 当社（B）が民事再生するとした場合（再生管財人は選任されないものとします）、オーナー（A）とのマスターリース契約、テナントとのサブリース契約はどうなりますか。

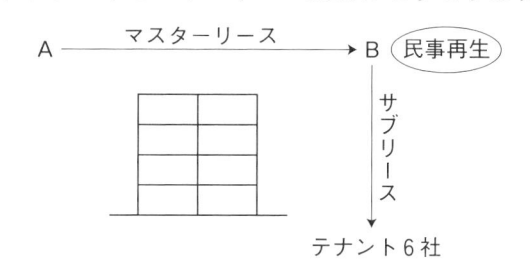

```
A ──マスターリース──▶ B （民事再生）
                      │
                      サ
                      ブ
                      リ
                      ー
                      ス
                      ▼
                   テナント6社
```

― A ―

## 1 結　論

Bの民事再生手続開始決定によってAとのマスターリース契約およびテナントとのサブリース契約が直ちに終了することはありません。

Bはテナントとのサブリース契約を解除することはできませんが、Aとのマスターリース契約を解除することはでき、結果として、Bはテナントに対する賃貸人たる地位から抜けることができます。

Bが履行を選択した場合、民事再生手続開始決定前の未払賃料は敷金・保証金1,200万円に当然充当され、1,200万円を超える額については再生債権となります。民事再生手続開始決定後の賃料は共益債権となります。

## 2 理　由

### (1) 民事再生手続開始決定の効果

すでに述べてきたように、民事再生手続開始決定がBにあった場合、Bは再生債務者となり、再生債務者Bが本問のマスターリース契約を解除するのか、履行するのかを選択することになります。ただ、この限度でしか法的な効果は生じないため、民事再生手続決定によっ

てマスターリース契約やサブリース契約が直ちに効力を失うことにはなりません（Q18参照）。

(2) Bによる解除について

a　民事再生手続における賃貸借契約の解除について

すでに述べてきたように、マスターリース契約もサブリース契約も双方未履行双務契約に該当しますから、再生債務者Bが解除権を有することになります。そして、これもすでに述べたように、賃貸人民事再生の場合には、建物の引渡しを受けている賃借人に対して、再生債務者は解除権を行使できません。逆に、賃借人民事再生の場合には、再生債務者は賃貸借契約を解除できます（Q18参照）。

Bはテナントとの関係では賃貸人ですから、Bはサブリース契約を解除することはできません。そして、Aとの関係ではBは賃借人ですから、Bはマスターリース契約を解除することはできます。

なお、AはBとの関係で賃貸人であるから民事再生法の解除はできないうえ、かりに、Q49のような倒産解除条項によって解除しようとしても、その条項は無効ですので、やはり解除できません。

b　Bがマスターリース契約を解除した場合

では、BがAとのマスターリース契約を解除した場合、テナントとBとの間のサブリース契約はどうなるでしょうか。

この問題についても、Q47と同様に考えることができます。なぜなら、破産法と民事再生法とで、賃貸借契約の解除についての規定は同じだからです。それゆえ、結論的には、BはAとのマスターリース契約を解除することができるが、その解除の効力はテナントに「対抗することができない」と考えるべきでしょう。

c　「対抗することができない」の意味

では、この「対抗することができない」とは、どういった意味でしょうか。

Q46と同様に考えると、Bはテナントに対して賃貸人（転貸人）の地位にあるところ、マスターリース契約の賃貸人であるAがそのBの地位を引き継ぎ、結果として、テナントの賃貸人はAになることになります。Bは、この一連のマスターリース契約・サブリース契約から抜けることになります。

　よって、Bがマスターリース契約を解除すれば、本問ビルのテナントの賃貸人はAになり、テナントはAに対して賃料を支払うことになります。

⑶　Bが履行を選択した場合

　Bが履行選択をした場合、Q49と同様に考えることになります。

　すなわち、民事再生手続開始決定前に未払賃料がBにあった場合、その分についてAはBに対して再生債権を有することになりますが、敷金・保証金に当然充当されます。民事再生手続開始決定後の賃料については共益債権となるため、随時弁済を受けることができます。

**Q51** ［Q50でBに民事再生手続が開始されたことをふまえて］

当社（B）がオーナー（A）とのマスターリース契約を解除するとの選択をしました。当社（B）がオーナー（A）に差し入れている敷金・保証金はどうなりますか。

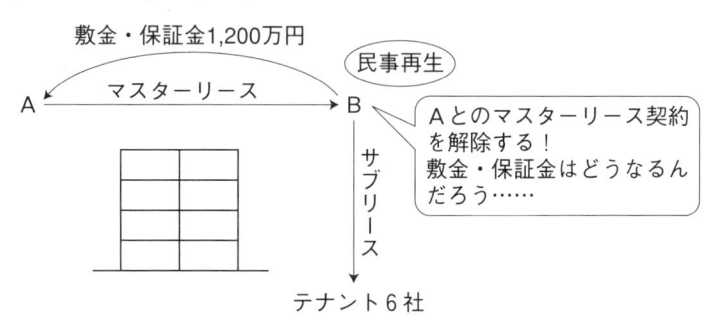

敷金・保証金1,200万円
民事再生
A マスターリース B
サブリース
テナント6社

Aとのマスターリース契約を解除する！
敷金・保証金はどうなるんだろう……

**A**

**1 結　論**

Bは、Aに対して敷金・保証金返還請求をすることができると思われます。

**2 理　由**

(1) 本問はQ48と同様に考えることができると思われます。

転借人のいない通常の建物賃貸借契約において敷金・保証金が支払われている場合には、敷金・保証金返還請求権の発生時期は賃貸借契約終了後の建物明渡し時でした。

しかし、その考え方をマスターリース契約の場合にまで貫くことは妥当でないことは、Q48で説明しました。その理由とは、BがAに交付した敷金・保証金は、BのAに対する債務を担保するものですから、BがAの賃借人でなくなった以上、それ以降、BのAに対する債務は発生しないため、Bから渡された敷金・保証金をAがそれ以後も

保持している理由はないというものでした。

そして、このことは、民事再生手続においてBが解除した場合も同様に考えられるでしょう。

そこで、民事再生手続において、マスターリース契約締結の際に、敷金・保証金を差し入れた場合、その返還請求権は、マスターリース契約の終了時に発生するというべきものと考えられます。

(2) **敷金・保証金の返還を認める必要性がQ48よりも高いこと**

なお、本問は民事再生手続です。

民事再生手続は、破産手続と異なり、事業の再建という目標があるわけですから、敷金・保証金の返還を受け、その敷金・保証金をその事業資金に充てる必要性はより高いものと思われます。

この必要性からも、「マスターリース契約解除と同時に敷金・保証金返還請求権は発生するという考え方」を採用するべきと考えます。

**Q52** 当社（B）について民事再生手続が開始され、オーナー（A）との間のマスターリース契約が解除された場合、テナントがBに差し入れている敷金・保証金はどうなりますか。当社（B）が返済しなければならないのですか。

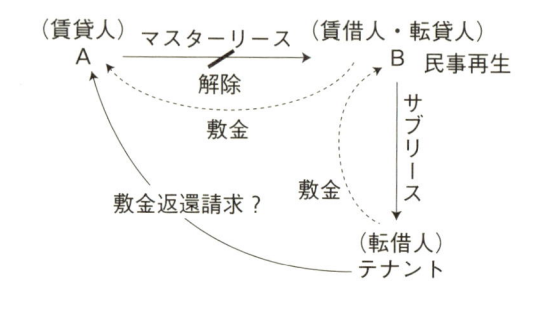

```
（賃貸人）   マスターリース   （賃借人・転貸人）
    A  ←――――――――――→  B   民事再生
          解除                │
          敷金                │サ
                              │ブ
                              │リ
                              │ー
          敷金返還請求？  敷金 │ス
                              ↓
                           （転借人）
                            テナント
```

――――― A ―――――

## 1　結　論

テナントがBに差し入れていた敷金・保証金は、Bについて民事再生手続が開始され、マスターリース契約が解除された場合であっても、Bがテナントに対して返還しなければなりません。

## 2　問題の所在

サブリース関係においてBが民事再生法49条に基づきマスターリース契約を解除した場合の賃貸借関係の帰趨についてはQ50で解説したとおりです。それでは、かりにAがBの地位を承継すると考えた場合、Aは、テナントがBに差し入れていた敷金（保証金）返還債務もまた承継するでしょうか。

これは、基本的にはQ49と同じ問題点ですが、破産と民事再生とでは敷金返還請求について法が予定する規律が異なるため、さらに若干の考察が必要となります。

## 3　2つの考え方

### (1)　承継を肯定する考え方

#### a　理論面

この点はQ49で説明した理論と同じですが、肯定説は、賃貸人の地位の移転の場合に、明示的に承継を否定する合意がない限り、敷金返還債務が承継されるとする判例法理（最判昭44・7・17民集23巻8号1610頁）の考え方を本問の場合にも及ぼすものと考えられます。

すなわち、Bが民事再生法49条に基づいてマスターリース契約を解除した場合について、地位の承継を肯定する立場は、（諸説あるものの）Bの地位をAが引き継ぐものと理解しています。これをテナントの立場からすると、自分にとっての賃貸人がBからAに変更したようにみえるでしょう。このように、本問を賃貸人の地位の移転の一類型と考えれば、敷金返還債務もAに承継されると考えることが可能となるわけです。

#### b　利益衡量

肯定説の考え方としては、敷金返還債務の承継を否定するとテナントに酷であるという考慮があります。すなわち、Bについて民事再生手続が開始した場合、テナントはBに対し敷金返還請求権を再生債権として請求しうるにすぎない地位となりますが、再生債権は本来の債権額よりもかなり減縮したかたちで権利変更を受けることが通常であるため、テナントがBから敷金を十分に回収することは困難です。このようなテナントの不利益を重視すれば、Aに敷金返還債務を負わせるべきことになるでしょう。

### (2)　承継を否定する考え方

#### a　理論面

(a)　賃貸人の地位の承継の事案と同視することはできない

まず、否定説は、賃貸人の地位の移転に伴う敷金返還債務の承継の

事案と本問とを同視することはできないと考えます。たしかに、賃貸人の地位の移転において通常予定されているケースは、旧賃貸人と新賃貸人との合意によって賃貸目的物の所有権が移転した事例ですから、Bが民事再生法49条に基づいて解除して原賃貸借契約（マスターリース）が終了した結果、BからAへ地位の承継が起こった事例とは大きく異なります。

(b) 敷金返還請求権を信託財産と理解することは困難

Q49で説明したとおり、テナントが差し入れた敷金がBによってそのままAに交付されている事案を想定したとしても、敷金返還請求権を信託財産と理解することはできないため（大阪高判平20・9・24判タ1290号284頁。なお、この判例は、平成19年9月30日に施行された新信託法のもとでも基本的に妥当するものと考えます）、この点からも、承継を基礎づける理論構成は困難といえます。

b 利益衡量

こちらもQ49で説明したのと基本的には同じですが、否定説の考え方としては、利益衡量上、敷金返還債務の承継を否定すべきという考慮があります。

まず、①肯定するとテナントが不当な利益を受けるという考慮があります。すなわち、本来、Bについて民事再生手続が開始した場合、テナントは、敷金返還請求権を再生債権として行使しうるにすぎない地位にあるところ、かりに敷金返還債務の承継を肯定すると、テナントがAから平時と同様に債権回収でき、他の債権者と比較した場合、不当な利益を受けるという問題が発生します。

次に、②Bについて民事再生手続が開始すること、およびこれに引き続く解除はAにとって予期しえない事態ですから、敷金返還債務の承継を肯定するとAが不測の不利益を被るといえ、かかる不利益を回避すべきことも否定説の論拠となります。

なお、③民事再生の場合には、再生債権である敷金返還請求権が、一定の要件のもとで6カ月分を限度として共益債権化します（民事再生法92条3項。これは再建型の手続という観点から再生債務者の資金繰りに配慮した処理をしたものであり、実質的には破産法70条が規定する寄託と同様の効果を生じるものです）。このように、6カ月分については共益債権として保護されるのですから、敷金返還債務の承継を否定しても、テナントにそれほど酷であるとはいえないでしょう。このような判断も、否定説を根拠づけるものといえます。

## 4　承継否定説が妥当

理論的には、肯定する考え方も否定する考え方も、いずれも成り立ちうると思われます。ただ、この問題の本質は、破産の場合と同様に、Bについて民事再生手続が開始されたことに基づく不利益を、Aとテナントのいずれに負担させるべきかという価値判断にあります。

この点、肯定説の立場は、民事再生法の基本的な価値判断に反する結果となると思われます。

すなわち、民事再生法は、敷金返還請求権について、「原則的には再生債権とした上で、ただ、6ヶ月分については一定の限度で共益債権化させる形で保護する」という価値判断を示していますが、それにもかかわらず、敷金返還債務の承継を肯定した場合、前述したようにテナントが平時の債権としてAから満額の回収をなしうることになり、これでは民事再生法の基本的な価値判断と背反する結果となってしまいます。

最高裁判所による統一的判断が待たれるところですが、いまだなされておりません。現段階においては、以上の検討から、破産の場合（Q49）と同様に否定説が採用されるべきと考えます。

よって、本問において、テナントが差し入れた敷金・保証金は、Bが返済しなければなりません。

## 第 3 節

# テナントR社が破産または民事再生した場合

**Q53** 今回の地震の影響で、テナントのR社の事業が立ち行かなくなりました。

結局、R社は破産することを選択しました。テナントR社が破産するとした場合、当社（B）とのサブリース契約はどうなりますか。

テナントR社の破産管財人Uが、当社（B）とのサブリース契約を継続することを選択した場合、賃料および敷金・保証金はどうなりますか。

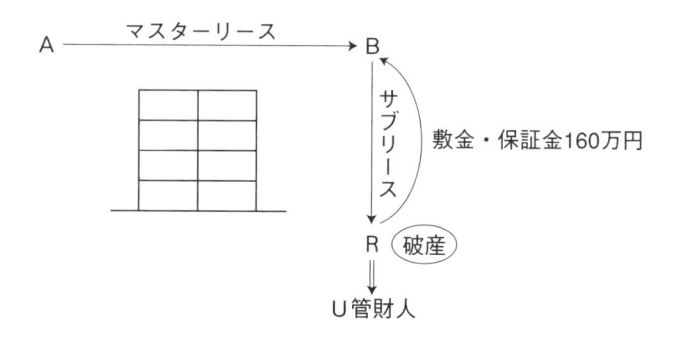

```
A ──マスターリース──→ B
                      │
                      サ
                      ブ    敷金・保証金160万円
                      リ
                      ー
                      ス
                      ↓
                      R （破産）
                      ↓
                      U管財人
```

---- **A** ----

## 1 結 論

Rの破産によってBとのサブリース契約は直ちに影響を受けません。

Rの破産管財人Uがサブリース契約の履行を選択すれば、破産手続開始決定前の未払賃料はRの敷金・保証金160万円に当然充当され、160万円を超える未払賃料が破産債権となります。破産手続開始決定

後の賃料は財団債権となります。財団債権となれば、破産債権よりも優先的に弁済を受けることができるため、より多くの回収を望めます（破産法2条7項）。

## 2 理　　由

本問も基本的にQ46と同様に考えることができます。

(1)　破産手続開始決定がなされたとしても、それによって直ちにサブリース契約が終了することにはなりません。

(2)　Rの破産管財人Uがサブリース契約の履行を選択した場合、破産手続開始決定前のBのRに対する未払賃料は、RがBに交付した敷金・保証金160万円に当然充当されます。それゆえ、未払賃料額が160万以下の場合には破産債権は発生しません。しかし、160万円を超えた分の未払賃料が破産債権となるため、Bとしては、債権届出期間内にその分の破産債権を裁判所に届け出る必要があります。破産手続開始決定後のBのRに対する賃料債権は財団債権となるため、Rの破産管財人UはBに対して随時弁済を行う必要があります。

なお、本問では契約履行を選択したため、敷金・保証金返還請求権は契約が終了し、Rが建物を明け渡すまで具体的には発生しません。

**Q54** テナントR社の破産管財人Uが、当社（B）とのサブリース契約を解除してきた場合、賃料および敷金・保証金はどうなりますか。

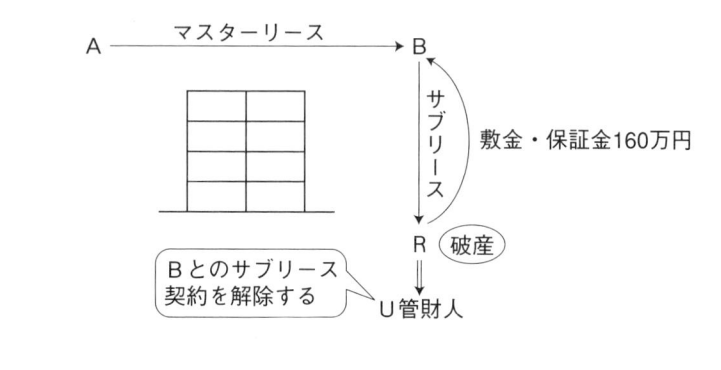

```
A ──マスターリース──→ B
                      │
                      │サブリース    敷金・保証金160万円
                      ↓
                      R （破産）
                      ↓
Bとのサブリース       U管財人
契約を解除する
```

──── A ────

## 1 結論

まず、破産手続開始決定前にRの未払賃料がある場合には、その賃料は破産債権となります。

破産手続開始決定後からRの破産管財人が解除するまでの賃料は財団債権となります。

敷金・保証金返還請求権は、サブリース契約終了後に本問ビルの借りている部分をRがBに明け渡した後に発生する破産財団所属財産です。ただし、未払賃料がある場合には、当然充当され、未払賃料額が160万円以上の場合には、敷金・保証金返還請求権は発生しません。

## 2 理由

(1) 破産手続開始決定前のRの未払賃料については破産債権となります。ただし、下記(3)で述べるように、本問では敷金・保証金160万円がRからBに交付されているため、未払賃料が160万円以下の場合には、敷金・保証金が充当されるので、未払賃料が破産債権として発生することはありません。

(2) 破産手続開始決定後から破産管財人の解除までの賃料は財団債権となります。したがって、BはRの破産管財人からその賃料については、随時弁済を受けることができます（破産法2条7項）。

(3) 本問では、RがBに対して敷金・保証金160万円を差し入れています。

判例によれば、未払賃料は敷金・保証金に当然充当されるため、敷金・保証金額分の未払賃料は発生しないことになります。

したがって、本問においてRの破産管財人がBに対して敷金・保証金返還請求権を行使するためには、Rの未払賃料額およびサブリース契約解除後明渡しまでの賃料相当損害金の合計が160万円未満であることが必要です。

**Q55** R社はX市での再建を目指し、民事再生手続を選択することにしたそうです。

テナントR社が民事再生するとした場合、当社（B）とのサブリース契約はどうなりますか。また、テナントR社が、当社（B）とのサブリース契約を継続することを選択した場合、賃料および敷金・保証金はどうなりますか。

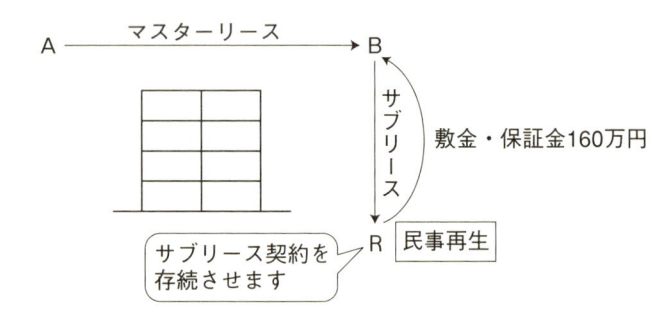

```
A ─── マスターリース ───→ B
                         │
              ┌──────────┤サ
              │          │ブ      敷金・保証金160万円
              │ (建物)   │リ
              │          │ー
              │          │ス
              └──────────┤
                         R  [民事再生]
   ［サブリース契約を
    存続させます］
```

---

**A**

## 1　結　論

Rに民事再生手続開始決定がなされた場合であっても、サブリース契約は影響を受けません。

Rがサブリース契約の継続を選択した場合、未払賃料額が160万円を超えるときは、その部分について再生債権となります。

民事再生手続開始決定後の賃料については、共益債権となります。

敷金・保証金返還請求権を行使することはできません。

## 2　理　由

(1)　民事再生手続開始決定がRについてなされても、それによって直ちにサブリース契約が影響を受けることはありません。Rが再生債務者としてサブリース契約を解除するか、履行をするのかを選択します。

なお、サブリース契約書のなかに賃借人が倒産したときは解除できる旨の条項が盛り込まれていたとしても、Q47で述べたように、倒産解除条項は無効となりますので、それによってＢが解除を主張することはできません。

(2)　再生債務者（Ｒ）がＢとのサブリース契約の継続（履行）を選択した場合、民事再生手続開始決定前の未払賃料は再生債権となりますが、その額が160万円以下ですと、敷金・保証金160万円に当然充当される結果、再生債権が発生しないことになります。

　また、民事再生手続開始決定後の賃料については共益債権となり、ＢはＲから随時弁済を受けることができます。

(3)　本問では再生債務者（Ｒ）はサブリース契約の履行を選択したため、再生債務者（Ｒ）が建物を明け渡すまでは敷金・保証金返還請求権は発生しません。

**Q56** ［Q55でR社が民事再生を選択したことをふまえて］
テナントR社が、当社（B）とのサブリース契約を解除してきた場合、賃料および敷金・保証金はどうなりますか。

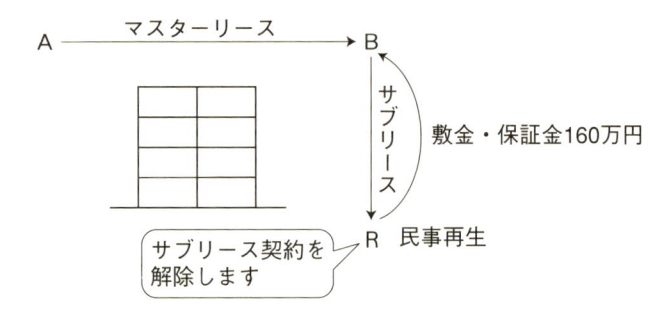

```
A ──マスターリース──▶ B
                      ↕ サブリース
                      敷金・保証金160万円
                      R  民事再生
  サブリース契約を解除します
```

**A**

## 1　結　論

　民事再生手続開始決定前の未払賃料が160万円を超える場合には、その160万円を超える部分について再生債権となります。

　民事再生手続開始決定後の賃料については共益債権となり、BはRから随時弁済を受けることができます。

　敷金・保証金については、未払賃料が160万円未満の場合にRは、Rが建物を明け渡した後、Bにその返還を求めることができます。

## 2　理　由

(1)　民事再生手続開始決定前に未払賃料があった場合、それは再生債権となります。

　しかし、判例によれば、未払賃料は当然に敷金・保証金に充当されます。その結果、未払賃料が敷金・保証金160万円以下であれば、未払賃料は再生債権として発生しません。

　したがって、RのBに対する未払賃料が160万円を超える場合には、その超えた部分について再生債権となります。Bはその金額を再

生債権として届け出る必要があります。

　民事再生手続開始決定後のサブリース契約が解除されるまでの賃料は共益債権となりますので、RはBに対して、随時その賃料を支払う必要があります（民事再生法121条1項）。

⑵　**敷金・保証金について**

　判例によれば、未払賃料は敷金・保証金に当然充当されるため、敷金・保証金額分の未払賃料は発生しないことになります。

　したがって、本問において、再生債務者Rが、Bに対して、敷金・保証金返還請求権を行使するためには、Rの未払賃料額およびサブリース契約解除後明渡しまでの賃料相当損害金の合計が160万円未満であることが必要です。

## 参考文献

幾代通、広中俊雄編集『新版注釈民法⒂　債権⑹』有斐閣

『民事訴訟における要件事実　第二巻』司法研修所

川井健『民法概論4（債権各論）』有斐閣

我妻栄著『債権各論中巻一（民法講義Ⅴ－2）』岩波書店

松並重雄『最高裁判所判例解説民事篇平成15年度㊦』535頁

星野英一『借地・借家法　法律学全集㉖』有斐閣

稲本洋之助、澤野順彦編『コンメンタール借地借家法　第3版』日本評論社

福井秀夫・久米良昭・阿部泰隆編集『実務注釈定期借家法』（衆議院法制局・建設省住宅局監修）信山社

小柳春一郎『震災と借地借家』成文堂

伊藤眞『破産法・民事再生法　第2版』有斐閣

竹下守夫、上原敏夫、園尾隆司、深山卓也、小川秀樹、多比羅誠編集『大コンメンタール破産法』青林書院

伊藤眞、岡正晶、田原睦夫、林道晴、松下淳一、森宏司『条解破産法』弘文堂

科学技術庁原子力局監修『原子力損害賠償制度改訂版』通商産業研究社

西原道雄監修、震災復興・都市づくり研究会編『罹災法の実務Q&A』法律文化社

澤野順彦『震災復興の法律相談』住宅新報社

# 事項索引

## あ行

明渡し……………………155
明渡し時説………………155
異常に巨大な天災地変………131

## か行

解約申入れ…………………22
確答催告権…………………57
寄託請求……………………139
共益債権………………63, 144
警戒区域……………………115
計画停電……………………105
原因競合……………………15
原状回復義務………………156
原子力緊急事態解除宣言……116
原子力損害…………………130
原子力損害の賠償に関する法律……128
原子炉の運転等の際………129
建設協力金…………………145
公示送達手続………………108
更新拒絶……………………22

## さ行

最後配当……………………140
再生債権……………………144
財団債権………………149, 151
サブリース契約………66, 76
敷金返還債務の承継………159
敷金・保証金…………138, 154
敷地優先賃借権………………35
敷引特約………………………25
事情変更の原則………23, 117
借地権優先譲受権……………36
借地借家法32条の賃料減額請求権……………87
終了時説……………………155
使用収益義務………………119
除斥期間……………………140
自力救済(自救行為)………111
信頼関係破壊の有無………107
正当事由………………23, 39
相当因果関係………………130
双方未履行双務契約………136

## た行

対抗することができない……150
建物の引渡し………………137
建物優先賃借権………………43
賃借人の受忍義務……………92
賃借人の地位の移転………160
賃貸借契約の明渡し………157
賃貸人の使用収益義務………81

賃貸人の地位の移転 ………… 160
賃料増減額請求権 …………… 69
賃料との相殺 ………………… 101
賃料保証 ……………………… 68
定期借家権 …………………… 67
電気供給約款 ………………… 103
電気需給契約 ………………… 103
倒産解除条項 ………………… 152
動産執行 ……………………… 112
当然充当 ……………………… 151
土地工作物責任 ……………… 12

## な行

認定死亡の手続 ……………… 113

## は行

破産管財人 …………………… 54
破産債権 ………………… 55, 139

非訟事件手続 ………………… 50
必要費償還請求権 …………… 100
避難勧告 ……………………… 124
避難指示 ……………………… 125

## ま行

マスターリース契約 ……… 66, 73
民事再生手続開始決定 ……… 141
無過失責任 …………………… 129
滅失 ……………………… 74, 80
滅失の判断基準 ……………… 3

## や行

予見可能な地震動 …………… 12

## ら行

履行の選択 …………………… 151

## Q&A 震災と建物賃貸借

平成23年7月21日　第1刷発行

　　　　　　　　　　　　編著者　吉田修平法律事務所
　　　　　　　　　　　　発行者　倉　田　　　勲
　　　　　　　　　　　　印刷所　三松堂印刷株式会社

〒160-8520　東京都新宿区南元町19
　発　行　所　一般社団法人　金融財政事情研究会
　　　　編集部　TEL 03(3355)2251　FAX 03(3357)7416
　販　　売　株式会社きんざい
　　　　販売受付　TEL 03(3358)2891　FAX 03(3358)0037
　　　　　　　URL http://www.kinzai.jp/

・本書の内容の一部あるいは全部を無断で複写・複製・転訳載すること、および
　磁気または光記録媒体、コンピュータネットワーク上等へ入力することは、法
　律で認められた場合を除き、著作者および出版社の権利の侵害となります。
・落丁・乱丁本はお取替えいたします。定価はカバーに表示してあります。

ISBN978-4-322-11917-6

**新訂 貸出管理回収手続双書**

編集代表　伊藤　眞／中務　嗣治郎
　　　　　深山　卓也／中原　利明
　　　　　三上　徹／能城　弘昭

## 不動産担保（上）
A5判・上製・692頁・定価8,000円（税込⑤）

## 不動産担保（下）
A5判・上製・732頁・定価8,000円（税込⑤）

## 債権・動産担保
A5判・上製・924頁・定価8,000円（税込⑤）

## 貸出管理
A5判・上製・840頁・定価8,000円（税込⑤）

## 回　　収
A5判・上製・1188頁・定価10,000円（税込⑤）

編集代表　河合　伸一

## 仮差押え 仮処分・仮登記を命ずる処分
A5判・上製・840頁・定価8,000円（税込⑤）

**最も信頼のおける金融実務の定本**

# 銀行窓口の法務対策 3800講

[監修] 五味廣文／中務嗣治郎／神田秀樹／川田悦男

各巻A5判／上製／各巻定価：7,770円（税込）／全5巻セット定価：38,850円（税込）

**前版比500講増！**
**4年半ぶりの全面改訂！**

- I コンプライアンス・取引共通・預金・金融商品 編
- II 為替・手形小切手・付随業務・周辺業務 編
- III 貸出・管理・保証 編
- IV 担保 編
- V 回収・担保権の実行・事業再生 編

◇金融機関実務のすべてを網羅。厳選の3800項目に集約。

◇さまざまな実務について設問・解答・解説の形式でわかりやすく解説。

◇最新の法令はもちろん、判例・学説にも対応。

◇3800講では、金融商品取引法制、株券電子化、電子記録債権法、新信託法、新保険法、信用状統一規則等の新法制・新ルールに対応。本人確認ルール、利用者保護、反社政府指針、金融検査マニュアル・監督指針関連項目等、コンプライアンス項目を充実。証券化、シンジケートローン、ABL、私募債、事業再生関連項目等、激変の実務動向を捕捉。

◇発刊後半世紀の実績。金融機関職員から絶大な信頼を獲得。

◇金融機関の営業店実務に明確な指針を示す、全行職員必携のロングセラー・バイブル。